»Liebe Küchenmuffel,

dieses Büchlein entstand aus der parmesanharten Überzeugung, daß jeder Mensch, gleich welchen Geschlechtes, kochen kann, wenn er nur fähig ist, Wohlgeschmack von Gaumengraus eindeutig auseinanderhalten zu können ... Kochen ist – wenn man es nicht täglich zweimal für eine Schar lustloser Esser tun muß – in Wirklichkeit großer Spaß mit kleiner Mühe! Und damit die Mühe möglichst klein und der Spaß möglichst groß ausfällt, habe ich für die Rezepte, die auch mit ›zwei linken Kochlöffeln‹ gelingen, nur ausgewählt, was wirklich kinderleicht gelingt und sich auch in Mini-Küchen mit ›Notausstattung‹ produzieren läßt ...«

Die Autorin

Christine Nöstlinger, am 30. Oktober 1936 in Wien geboren, lebt als freie Schriftstellerin abwechselnd in ihrer Geburtsstadt und im Waldviertel. Sie schreibt Kinder- und Jugendbücher und ist für Zeitungen, Rundfunk und Fernsehen tätig.

Von Christine Nöstlinger
sind im Deutschen Taschenbuch Verlag erschienen:
Haushaltsschnecken leben länger (10804; auch als dtv großdruck 25030)
Werter Nachwuchs (11321; auch als dtv großdruck 25076)
Das kleine Frau (11452)
Manchmal möchte ich ein Single sein (11573)
Einen Löffel für den Papa ... (11633)
Streifenpullis stapelweise (11750)
Salut für Mama (11860)
Liebe Tochter, werter Sohn! (11949)

Die feuerrote Friederike (dtv junior 7133)
Mr. Bats Meisterstück (dtv junior 7241)
Ein Mann für Mama (dtv junior 7307)
Liebe Susi! Lieber Paul! (dtv junior 7577)
Maikäfer flieg! (dtv junior 7804)
Der Denker greift ein (dtv junior 70164)
Susis geheimes Tagebuch/Pauls geheimes Tagebuch (dtv junior 70303)
Mini muß in die Schule/Mini trifft den Weihnachtsmann (dtv junior 70340)
Liebe Oma, Deine Susi (dtv junior 75014)

Christine Nöstlinger:
Mit zwei linken Kochlöffeln

Ein kleiner Kochlehrgang
für Küchenmuffel

Mit Illustrationen
von Christiana Nöstlinger

Deutscher
Taschenbuch
Verlag

dtv

Ungekürzte Ausgabe
April 1995
Deutscher Taschenbuch Verlag GmbH & Co. KG,
München

ISBN 3-224-17683-0
Umschlagtypographie: Celestino Piatti
Umschlagbild: Christiana Nöstlinger
Gesamtherstellung: C. H. Beck'sche Buchdruckerei,
Nördlingen
Printed in Germany · ISBN 3-423-12007-X

Liebe Küchenmuffel,

dieses Büchlein entstand aus der parmesanharten Überzeugung, daß jeder Mensch, gleich welchen Geschlechtes, kochen kann, wenn er nur fähig ist, Wohlgeschmack von Gaumengraus eindeutig auseinanderhalten zu können.

Der Gründe, warum jemand zum Küchenmuffel geworden ist, sind gar viele. Einer der häufigsten ist aber wohl der, daß so ein armer Mensch in einer Familie aufgewachsen ist, wo die Hausfrau ihr lädiertes Selbstwertgefühl dadurch aufpäppelte, daß sie aus dem Kochen eine Art »Geheimkult« machte, gleichermaßen zeitraubend wie kräfteverzehrend und kompliziert. Womit sie dem Nachwuchs beibrachte, sich von solch aufopfernder, seelen-, muskel- und nervenzermürbender Tätigkeit fernzuhalten.

Aber Kochen ist – wenn man es nicht täglich zweimal für eine Schar lustloser Esser tun muß – in Wirklichkeit großer Spaß mit kleiner Mühe!

Und damit die Mühe möglichst klein und der Spaß möglichst groß ausfällt, habe ich für die Rezepte, die auch mit »zwei linken Kochlöffeln« gelingen, nur ausgewählt, was wirklich kinderleicht gelingt und sich auch in Mini-Küchen mit »Notausstattung« produzieren läßt. Und ich habe zudem eifrige Erinnerungsarbeit geleistet. An die Zeit nämlich, wo ich selber noch nicht kochen konnte und mir die Kochbücher exakt immer genau das verschweigen, was sie mir besonders hätten erklären müssen.

Hier werden Ihnen also keine Anweisungen erteilt, wie: »Soviel Mehl einkneten, wie der Teig faßt.« Ich drohe Ihnen auch keine »mittelfeste Konsistenz« an und trage Ihnen schon gar nicht auf, eine Kalbsbrust zu »untergreifen«.

Mehr als guten Willen und zwei linke – oder meinthalben auch rechte – Kochlöffel brauchen Sie wirklich nicht, um meine Rezepte nachzukochen.

Lektion 1

EIN LOB DER BESCHEIDENHEIT

Jeder Anfänger möge tunlichst darauf verzichten, Zwei-Hauben-Träume in die Tat umsetzen zu wollen! Selbst wenn ihm hinterhältige Kochbücher vorschwatzen, daß auch der »Ungeübte« anhand vieler kleiner, bunter Bilderchen ein Huhn – ohne Verletzung der Außenhaut – entbeinen und hernach füllen könne. Ersparen Sie sich solch ein Horrorerlebnis, denn es bringt bloß die Einsicht, daß so ein Hendlskelett komplexer gebaut ist, als man dachte. Zudem könnte Ihnen beim Anblick des lappigen Haufens aus Fett, Sehnen, Fleisch und Knochensplittern leicht lebenslänglich die Lust auf Geflügel vergehen.

Bleiben Sie also fürs erste bescheiden! Mit Küchenbescheidenheit liegen Sie ja ohnehin im modischen Trend.

Wonach giert denn heutzutage ein Wohlstandslüstling?

Nach Wachtelbrüsterl im Karottenhemde auf rotem Linsenbett?

Nach Saiblingsrücken im Strudelblatt an Sauerampferschäumchen?

Nach sautierten Kalbsfiletchen mit Morchel-Zuckerschoten-Flan?

Ist doch alles der längst dahin geschmolzene

Küchenschnee von vorgestern, dem niemand mehr nachweint!

Der freudige Fresser singt heutzutage weit eher den lieblichen *Krautfleckerln* eine innige Gusto-Hymne. Und selbige schaffen Sie allemal perfekt, wenn Sie folgend vorgehen:

1. Sie nehmen ein Krauthapperl, ein Messer und eine Schere. Mit der Schere schneiden Sie zuerst einmal Ihre Fingernägel kurz, weil lange Fingernägel beim Krautschneiden leicht unter das Messer kommen, im Nudeligen kaum mehr zu finden sind und auch nach längerem Dünsten weder weich noch angenehm im Geschmack werden.

2. Sie entfernen dem Happerl unschöne Außenblätter und halbieren es so, daß der Strunk (klar, was das ist? OK!) in zwei Längshälften zerfällt, und säbeln diese heraus, denn die munden weniger.

3. Sie schneiden die Happerlhälften auf Streifen und diese zu Eckerln. Da es keine verbindliche DIN-Krautschneidenorm gibt, dürfen Ihnen auch Rauten, Dreiecke und andere Fehlformen zustoßen. Die Größe der Schnipsel unterliegt ebenfalls Ihrer Laune, sollte aber das Ausmaß einer halben Briefmarke nicht übersteigen. Und vor dem riesigen Krautberg, den Sie nun haben, braucht Ihnen nicht bange zu sein! Das Zeug reduziert sich im Laufe der Handlung gewaltig.

4. Jetzt brauchen Sie Speck. Fetten, weichen, warm geselchten. Von dem nehmen Sie etwa dreißig Deka und schneiden wieder. Zuerst Schnitten, dann Streifen, daraus Würferln. Doch diesmal exakt! Eine Würferlkantenlänge von 2,5 mm wäre optimal.

Haben Sie während des Schneidens ungefähr die Hälfte des Specks weggefuttert, haben Sie die richtige Specksorte gekauft! Denn die ist von so lockendem Geruche, daß niemand widerstehen kann.

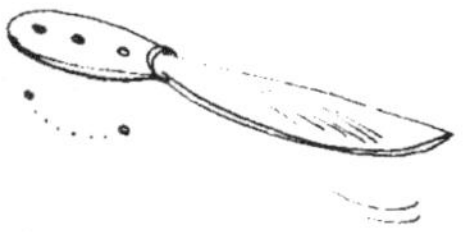

5. Den Würferlrest zerlassen Sie in einer Pfanne auf kleiner Hitze, wobei Sie rührend verhindern, daß vorwitzige Würferln aus der Pfanne springen.

6. Schwimmen die Speckgrammerln kaisersemmelgelb im Fett, stäuben Sie ein Löfferl Staubzucker drüber und leeren, emsig weiterrührend, das Kraut – mit etwas Salz vermischt – dazu. Das sollte nun Wasser lassen. Läßt es nicht, helfen Sie durch Zugabe von Wasser nach. Aber so geizig, daß der Pfannenboden immer gerade nur benetzt ist und das Kraut, ohne anzubrennen, gar wird. Was in dem Falle heißt: kernigweich und havannazigarrenbraun.

7. Während sich dieser Prozeß vollzieht, den Sie hin und wieder durchrührend und wässernd unterstützen,

kochen Sie nebenan die Fleckerln. Wie das geht, sagt Ihnen die – in gebrochenem Deutsch gehaltene – Gebrauchsanweisung auf der italienischen Packung. Aber Achtung! Zwei Minuten länger als für den bißfesten Italiener will ein Fleckerl für österreichische Gaumen schon zu Wasser sein!

8. Sind die Fleckerln fertig, was am eindeutigsten durch Kosten festzustellen ist, werden sie in ein Sieb geschüttet, mit viel kaltem Wasser erschreckt, gebeutelt, bis sie nicht mehr tropfen, hierauf unter das Kraut gemischt, mit diesem gemeinsam noch etwas erhitzt und dann mit viel ungesundem Pfeffer bestreut – wenn beliebt auch mit etwas Rosenpaprika – zu Tische gebracht und verzehrt.

Daß als Beilage zu dieser Köstlichkeit ein Krügel Bier passend wäre, muß wohl nicht extra erwähnt werden.

Kochmuffel, die zudem streßanfällig sind, denen also die gleichzeitige Betreuung von zwei Kochstellen zuviel ist, können auch »hintereinander« werken.

Also: Zuerst das Kraut garen und dann die Fleckerln sieden.

Es spricht auch nichts dagegen, sich zwischen den beiden Arbeitsgängen beim TV-Vorabendprogramm zu entspannen. Dann allerdings bitte: Kraut vor der Entspannung vom Herd nehmen und erst wieder warm machen, wenn die Fleckerln fertig sind. Die Verschnaufpause darf sogar

Angebranntes Kraut stinkt nämlich scheußlich!

bis zu zwei Tagen dauern, denn Kraut ist geduldig und kann warten.

P.S.
Manche, die sich als Kenner ausgeben, behaupten, daß aufgewärmte Krautfleckerln noch besser schmecken als frisch gemachte; was aber nur eine Vermutung sein kann, denn gut gemachte Krautfleckerln werden stets restlos verputzt. Es kann also niemand wissen, wie sie aufgewärmt schmecken würden.

Zutaten für zwei hungrige Esser:

1 kleines Happerl Kraut
15 dag Selchspeck (gerechnet ohne Verkostung)
25 dag Fleckerln
1 Löfferl Staubzucker und
Salz, Pfeffer, Paprika

Übrigens: Erscheint Ihnen die Krautfleckerl-Kocherei noch immer zuviel der Küchenmühe, machen Sie halt *Topfenfleckerln, einfache Art.*

Da brauchen Sie bloß Fleckerln kochen, Speck zerlassen, beides vermischen und Topfen drauf bröseln und mit Pfeffer würzen. Macht also weniger Mühe, als im Wirtshaus die Speisekarte zu lesen und den Kellner dazu zu bringen, endlich an Ihren Tisch zu kommen!

Aber der Topfen muß von der guten, alten, bröseligen Sorte sein! Mit dem cremigen, tropfnassen Topfen aus den kleinen Plastiksärgen erhalten Sie bloß einen sehr abscheulichen Gatschüberzug auf den Fleckerln! Da hilft auch nicht – wie in Kochbüchern oft geratschlagt – stundenlang abtropfen lassen! Davon wird der Topfen zwar weniger feucht, aber schmierig bleibt er.

Lektion 2

VOM TROST DER SUPPE

Es gibt Leute, die lehnen alle Suppen ganz entschieden und rundwegs ab. Das sind üblicherweise die, die sich selber nicht leiden mögen! Wer sich gern hat, der gönnt sich ein Supperl! Und dieses macht ja auch keineswegs dick, wenn man hinterher nicht noch vier Gänge mampft.

Eine Suppe sollte man sich – oder lieben Menschen – vor allem dann kochen, wenn einem – oder den lieben Menschen – nach Trost und Streicheleinheiten zumute ist, denn Suppe streichelt Mägen und tröstet Seelen.

Das gelingt ihr deshalb, weil sie Erinnerung an geborgene Kindheit ist, an behütete Krankentage im Betterl, wo die Mama oder die Oma bei uns saß und versprach, daß das böse Wehweh sofort verschwinden werde, wenn wir bloß so lieb wären, ein Löfferl Suppe für den Papa ... und eins für den Opa ... und eins für den großen Bruder ... und eins für den Teddybären zu schlucken.

Als Trostsuppe kommt natürlich nur eine leichte, duftige Komposition in Frage. Deftige Suppenkaliber wie Bohnensuppe oder Erdäpfelsuppe (welchen wir an anderer Stelle ausführlich huldigen werden) wären da sehr fehl am Platze.

Und noch eins:

Der Bedarf an tröstender Suppe entsteht durch das harte und ungerechte Schicksal oft urplötzlich, und gerade dann ist man ja nicht in der Verfassung, lange herumzuwerken. Daher sollte die Basis jeder guten Trostsuppe, die klare Rinderbouillon, vorsorglich im Tiefkühlfach Ihres Eisschranks vor sich hinfrieren.

Und so ist in Sachen *Trostsuppe* Ihr Vorgehen:

1. Sie beschwatzen einen gutmütigen Menschen, Ihnen ein paar Liter gute, klare Rindsuppe zu kochen. Solch gutmütige Menschen finden sich in jeder Bekanntschaft oder Verwandtschaft. Sie müssen nur solange herumraunzen und flehen, bis sich jemand Ihrer erbarmt.

Freilich könnten Sie Ihre Suppenbasis auch selbst erzeugen, aber Sie sind ja ein Muffel, und ein solcher will nicht Knochen anrösten und Grünzeug putzen, Zwiebelhälften schwärzen und grauen Schaum abschöpfen und eine Brühe drei Stunden lang am sanften Wallen halten!

Sie ordern also Ihre Suppenbasis, und ist sie eingetroffen, wird sie in 1/4 l Gefäße abgefüllt und bis zum Trostbedarf eingefroren. Ist der gekommen, folgt als Ihr nächster Schritt:

2. Sie holen sich ein Achterl Obers aus dem Eisschrank und eine Portion Suppenbasis aus dem Gefrierfach und überlegen, was Sie sonst noch an Vorräten daheim haben.

Haben Sie alles nicht? OK, macht auch nichts!

Aber wer Sorgen hat, der hat meistens nicht nur Likör, sondern auch ein Viertel Veltliner! Und zwei Eier, Zimt, Muskat, Butter und ein Scheiberl Toastbrot hoffentlich auch!

Und daraus fabrizieren wir nun die Krone aller Trostsuppen, die köstliche *Veltliner Suppe.*

3. Wir schütten den Veltliner in ein Töpfchen und machen ihn heiß. Die gefrorene Basis holen wir aus dem Gefäß. Wenn uns im Moment nach Brachialgewalt zumute ist, tun wir es mit einem Stemmeisen, wenn wir die sanfte Tour bevorzugen, tauchen wir das Gefäß in heißes Wasser. Dann löst sich der eisige Bouillon-Brocken im Nu von den Wänden des Gefäßes.

Haben wir die Basis – so oder so – freibekommen, werfen wir sie zum Schmelzen in den Wein. Und wallt das Wein-Bouillon-Gemisch auf, ziehen wir es vom Herd. Ob es noch gesalzen und gepfeffert werden muß, hängt ganz davon ab, ob man Ihnen sanft-milde oder würzig-salzige Suppen-Basis angeliefert hat; natürlich auch davon, wie salzig Sie Ihr Trostsupperl zu essen belieben.

4. Sie trennen die zwei Eier in Dotter und Klar. Den meisten Menschen hat man das irgendeinmal im Leben beigebracht. Falls Sie nicht zu diesen Menschen gehören, üben Sie es beizeiten. Mißerfolge lassen sich als Eierspeis verzehren. Daß deren Konsum dem Cholesterinspiegel schadet, ist nur eine Theorie. Es gibt auch eine andere Theorie, die behauptet, ein zu hoher Cholesterinspiegel entstehe ausschließlich durch zuviel Streß.

Und haben Sie zwei Quadratlinke, denen das Eiertrennen trotz Training nicht und nicht gelingen will, dann besorgen Sie sich im Fachhandel so ein kleines, absonderliches Gerät, das die Sache für Sie erledigt.

Wie auch immer, Sie sind also zu zwei Dottern gekommen! Die verrühren Sie nun mit dem Achterl Obers und schütten das kanarigelbe Gmachtl zum suppigen Veltliner.

5. Sie würfeln das Scheiberl Toastbrot zierlich klein und braten es in ein wenig Butter knusprig. Wieviel Butter Sie nehmen, hängt davon ab, wieviel Kalorien Sie sich zumuten wollen!

6. Sie ziehen den Topf wieder aufs Feuer und schlagen das Supperl mit einem Schneebesen kräftig durch. Knapp bevor das Supperl ans Sieden kommt, hören Sie damit auf.

Wenn das Supperl nämlich aufwallen würde, also blubbernd drauflosköcheln, würde das Eigelb stocken und Sie bekämen Eierfischerl-Suppe. Die schmeckt derber und kann nicht so gut trösten!

Wie Sie merken, daß Ihr Supperl knapp vor dem Sieden ist? Halten Sie den Zeigefinger dicht an die Suppenoberfläche. Müssen Sie ihn schnell wieder zurückziehen, weil es ihm dort zu heiß ist, sofort den Topf von der Kochstelle nehmen!

7. Sie schütten das – nun schaumige – Supperl in eine Schüssel, bestreuen es zart mit Zimt und Muskat, tun die knusprigen Brotwürferln drauf und servieren die tröstliche Angelegenheit.

8. Jetzt bleibt Ihnen nur noch das kummerwendende Auslöffeln, und da wir zwei reichliche Portionen gekocht haben, können Sie es ausführlich tun, falls Sie niemanden bei sich haben, mit dem Sie Sorgen wie Trost zu teilen pflegen.

Zutaten für einen sehr traurigen oder zwei normal traurige Esser:

1/4 l Veltliner
1/4 l Rindsuppe
1/8 l Obers
2 Dotter
1 Scheibe Toastbrot
Butter, Zimt
Muskat, Salz
und Pfeffer

P.S.
Suppen sind weder eigensinnig noch nachtragend. Daher nimmt es Ihnen die Veltliner Suppe auch nicht übel, wenn Sie ihr nur einen Dotter zugestehen oder 3/8 l Wein zumuten.

Ersetzen Sie allerdings Dotter wie Wein durch eine Tiefkühlpackung Kastanienreis (ungesüßt und aufgetaut in etwas Wasser) und ein Stück pürierte Sellerieknolle, besteht die Suppe auf Namensänderung und will *Meraner Maronisuppe* gerufen werden.

Übrigens: Ich nehme an, Sie haben bereits die simple Grundidee zur Herstellung aller tröstenden Suppen kapiert! Falls nicht, dann sei folgend noch einmal in aller Klarheit zusammengefaßt:

2 Teile Rinderbouillon, 1 Teil Obers, 1 oder 2 Dotter zum Molligmachen (muß aber nicht sein) und 2 Teile von der den Namen gebenden Substanz. Und solche Substanzen erhalten Sie, wenn Sie …

… ein Doserl Paradeismark in Wasser auflösen.

… eine Dose Spargel mit dem Schneidestab des Handmixers zu Brei gatschen.

… einen Bund Grünzeug weich kochen und mit eben diesem Gerät zermatschkern.

… eine Packung Tiefkühlerbsen kochen und durch ein Sieb streichen (da genügt der Schneidestab nicht! Wegen der Erbsenschalen, die er nicht total pürieren täte).

Eigentlich können Sie alles, was Sie gern auslöffeln würden, Ihrer Trostsuppe einbrocken: Champignons, Schwarzwurzeln, Spinat, Lauch, Karotten … und … und … und (natürlich immer zu Brei gemacht).

Hauptsache, das Zeug ist nicht so vorwitzig im Geschmack, daß es Bouillon und Obers komplett überdeckt und überwuchert.

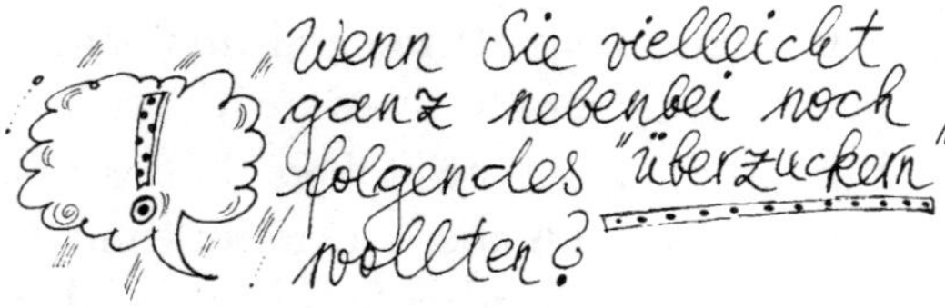

Nach Omas Kochrezepten zu kochen mag ja recht artige Erfolge bringen, von Ururomas Kochrezepten hingegen empfiehlt es sich, die Finger zu lassen, denn Kochen nach deren Anleitung kann mit Komplikationen verbunden sein, die weit über das Umrechnen von Loth auf Gramm hinausgehen.

Wieviel »für drei Kreuzer Hirschhornsalz« wohl sein mag, wird sich kaum mehr eruieren lassen! Und »eine Hand voll vom Kräutlein, das hinter dem Hause wächst«, wird der Großstadtmensch gar nicht pflükken können, während es den Besitzer von Haus mit Hintergarten grob verunsichert, weil Brennesseln höchstwahrscheinlich nicht gemeint sind!

Außerdem dürften seinerzeit gewisse Produkte doch irgendwie anders gewesen sein. »Schmetten« läßt sich zwar im »altösterreichischen Wörterbuch« als Schlagobers identifizieren, aber schütten Sie einmal ein Seidl der heutigen »Schmetten« zu den Schinkenfleckerln, die Sie bereits mit »vier hühnereigroß Butter« abgetrieben haben!

Was Sie dann nach gehöriger Backzeit aus dem Ofen holen, ist eine Pfanne voll gelbem, blubberndem Fett, in dem sich die Fleckerln auf einen verdrossenen Bodenbelag zurückgezogen haben.

Und woher nimmt unsereiner »die Glut, welche

maßvoll auf dem Deckel zu verteilen ist«, unter dem die Dampfnudeln ihren optimalen Reifegrad erreichen?

Speziell gewarnt sei vor der Zubereitung der »Kraftsuppn« nach Ururoma-Art. Der Ururoma lehrte das Kochbuch nämlich, daß diese ausschließlich mit Flußwasser zubereitet werden dürfe und daß man, weil man ja vor allem »auf die Suppn Werth legt«, das Rindfleisch klitzeklein schneidet und im Flußwasser drei Stunden einweicht, wobei man sechs Tropfen Salzsäure zusetzt.

Vielleicht schmeckt diese »Kraftsuppn« ja wirklich köstlich, aber für den Fall, daß Sie es ausprobieren und das nötige Wasser aus dem Donaukanal besorgen, würde ich doch anraten, zuzüglich zur Salzsäure noch zwei Familienpackungen Tierkohletabletten mitzusieden!

Lektion 3

MOUSSE MÜSSTE MAN MACHEN!

Partys, bei denen die Gastgeber die Last des Ausspeisens zum Teil auf die Gäste abwälzen, sind für den Küchenmuffel stets Orte ungerechter Zurücksetzung. Da kommt der kochfreudige Teil der lieben Gäste mit Tabletts und Schüsseln voll Nahrung an und wird heftig beklatscht! Und der Küchenmuffel, das arme Wurm, schleppt brav seine sechs Flaschen Sekt an (weit teurer als Ottos pappiger Nudelsalat und Heidis klebrige Topfentatschkerln), aber die »Aaahs« und »Ooohs« bleiben aus. Nur Selbstgemachtes wird gelobt! Kaufen, das kann ja jeder! Das ändern wir jetzt!

Vor der nächsten Fete, bei der telefonischen »Was-soll-ich-denn-mitbringen?«-Absprache, darf der Küchenmuffel stolz in den Hörer posaunen: »Ich komme mit *Thunfisch-Mousse* für zwanzig Personen!«

Und damit er das Versprechen auch halten kann, muß er natürlich zuerst einmal einkaufen gehen.

Er besorgt sich also:

1/4 l Schlagobers
10 Blatt Gelatine
75 dag Thunfisch in Olivenöl
1 Zitrone
5 gehäufte Eßlöffel Mayonnaise
20 Eßlöffel Weißwein
Worcestersauce, Salz und Pfeffer

Thunfisch-Mousse kocht man nicht. Thunfisch-Mousse ist simple Rührarbeit, die zwar etwas Zeit braucht, aber keinerlei Kenntnisse. Versetzen Sie sich einfach in Ihre schöne Kindheit zurück und reaktivieren Sie Ihre Lust am »Kocherlspielen«!

Bevor wir uns aber ans Werk machen, das ungefähr eine Stunde dauern wird (fixe Leute schaffen es in halber Zeit), müssen wir uns noch über die *Mayonnaise* einig werden.

Klar, die gibt es zu kaufen. In Tuben wie in Gläsern. Von minderer und von besserer Qualität. Und was ein echter Muffel ist, der gibt sich auch mit so etwas zufrieden.

Aber auch klar, daß eine selbstgemachte Mayonnaise wesentlich besser schmeckt! Und daß somit auch Ihr Mousse wesentlich besser schmecken würde! Und Sie wollen doch Party-Ehren und Fete-Lob einheimsen! Und daß eine hausgemachte Mayonnaise nur den geübten Köchen und Köchinnen gelingt, das ist ja auch bloß eines der Küchen-Ammen-Märchen, die aus der grauen Vorzeit stammen, wo es noch keinen Handmixer gab. Ohne den wäre das Mayonnaise-Rühren wirklich eine nicht ganz leichte Sache! Aber mit ihm ist sie ein Kinderspiel!

Wie? Sie versuchen es halt? Brav, brav!

Dann brauchen Sie noch:

3 Eier
1/4 l Öl
einen Kaffeelöffel scharfen Senf
selbige Menge Zitronensaft
und den Handmixer

Aber den brauchen Sie für das Mousse sowieso!

(Und welches Öl Sie nehmen sollen? Da kann ich Ihnen nicht raten. Ich wäre für geschmacksneutrales Öl. Es gibt aber auch Superköche, die Ihnen zu Olivenöl raten würden, oder gar zum Luxusöl, gepreßt aus Weintraubenkernen, wodurch die Mayonnaise angeblich einen eigenwillig »interessanten« Geschmack bekommt; welcher mir allerdings zu »aufdringlich« erscheint. Und außerdem können Sie um das Geld, das so ein Flascherl Weintraubenkernöl kostet, gut siebenmal zum Würstelstand auf »a Haße mit Senf« gehen; was allemal mehr Lustgewinn ist als ein »interessanter« Beigeschmack.)

Sie haben also, von mir überredet, ein preiswertes Öl gekauft. Davon tun sie 1/4 l in ein Schnabelkännchen. Dann geben Sie drei Dotter in einen hohen, möglichst schlanken Becher. Dazu tun Sie etwas Salz, etwas Pfeffer und den Senf und quirlen mit dem Handmixer ein bisserl durch.

Dann schütten Sie das Öl, zuerst tropfenweise, hierauf in allerdünnstem Strahl zu den gewürzten Eiern. Wobei Sie natürlich emsig und auf höchster Schaltstufe weiterquirlen. Eh klar, Sie sind ja nicht von gestern!

Ist alles Öl im Becher, muß die Mayonnaise dick sein wie lockere Buttercreme ungefähr. Jetzt rühren Sie noch den Zitronensaft ein und – falls Ihnen die Sache zu wenig würzig erscheint – Salz, Pfeffer, Tabasco und Worcestersauce.

Mehr darf sich die Mayonnaise von Ihnen nicht erwarten. Sie hat sich als fertig und gelungen anzusehen!

Und nun können wir uns ans Thunfisch-Mousse machen!

Wir legen 10 Blatt Gelatine in viel kaltes Wasser zum Aufweichen.

Wir holen den Thunfisch aus den Dosen und tun ihn zum Abtropfen in ein Sieb.

Wir schlagen das Obers mit dem Handmixer steif.

(Quirl bitte von Mayonnaiseresten gut säubern, sonst nimmt es das Obers krumm und wird „nicht“ steif!)

Wir erhitzen den Weißwein und pressen die Zitrone aus.

(Entschuldigen Sie das lächerliche »wir«, aber diese Pseudosolidarisierung mit den Unwissenden unterläuft den Wissenden, wenn sie sich anbiedern wollen, leider oft.)

Also: Sie, Sie ganz allein, holen die glitschige Gelatine aus dem Wasser und werfen sie in den heißen Wein, wo sie sich völlig auflöst.

Sie, wieder Sie ganz allein setzen dem Handmixer den Schneidestab ein. Mit dem zermatschkern Sie den Thunfisch zu feinem Brei. Wenn Sie penibel sein wollen, streichen Sie ihn hernach noch durch das Sieb, in dem er vorher tropfte. Dadurch erreichen Sie, daß keine Thunfischbröckerln, die der Schneidestab ignoriert hat, ins Mousse geraten.

Und nun geht es ans Mischen!

Zuerst kommt in den Gelatine-Wein etwas vom Thunfischbrei. Soviel ungefähr, daß Sie Sauce von der Beschaffenheit flüssigen Make-ups haben. Dieses leeren Sie zum übrigen Thunfischbrei und verrühren wieder.

Nun rühren Sie fünf gehäufte Eßlöffel Mayonnaise ein, den Saft der Zitrone, ein paar Tropfen Worcestersauce, Salz und Pfeffer. Das Breichen darf ruhig ein bißchen scharf schmecken, denn Sie ziehen ja nun noch das Schlagobers unter, wodurch die Sache wieder milder wird.

»Ziehen« ist eine sanftere Tätigkeit als Rühren, und ein Schneebesen ist ein sanfteres Arbeitsgerät als ein Kochlöffel! Zudem zieht man mit einem Schneebesen auch hurtiger unter, weil die vielen Drahtschlingen – logo und klaro – die Mischerei leichter schaffen als ein armseliger Löffel am Stil.

Wenn das Mousse nicht mehr weiß marmoriert ist, sondern schön beige unifarben, haben Sie Ihr Ziel erreicht.

Sie brauchen bloß noch eine passende Form mit Klarsichtfolie auskleiden und das locker-duftige Breichen einfüllen. Innerhalb etlicher Stunden stockt es dann im Eiskasten zu flaumiger Schnittfestigkeit. Es spricht auch nichts dagegen, während des Einfüllens kleingeschnittene Oliven oder Paprikawürferln ins Breichen zu schmuggeln. Auch allerjüngste gekochte Erbserln könnten sich da gut ausnehmen.

P.S.
Transportieren Sie das Thunfisch-Mousse in der Form zur Party und stürzen Sie es erst in der Gastgeberküche auf eine Platte. Ziehen Sie dem Mousse die Folie ab, und streuen Sie vielleicht noch ein bißchen Kresse auf die Oberfläche.

Und wenn Sie die »Prunkplatte« der Gastgeberin überreichen, nennen Sie Ihr Mitbringsel nicht einfach »Thunfisch-Mousse«.

Stellen Sie den Namen der Gastgeberin voran oder hintnach. »Helenen-Mousse« etwa. Oder »Mousse Marion«.

Solch kleine, reinraunzerische Aufmerksamkeiten verfehlen auch bei ansonsten coolen Damen nie ihre Wirkung!

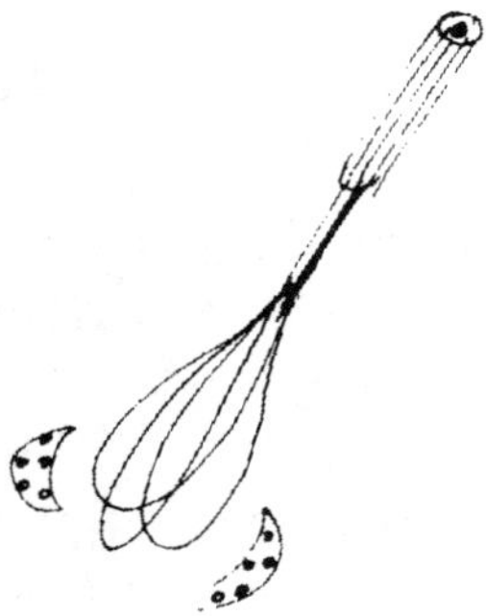

Lektion 4
LEERES BÖRSEL – VOLLE TELLER

Irgendwann einmal könnten Sie sich die besorgte Frage stellen müssen: Wie bekomme ich heute abend meinen Besuch satt, obwohl in meinem Geldbörsel nur mehr dreißig Schilling sind und vom Bankomat nicht mehr zu erwarten ist, als daß er die Karte auffrißt?

Nun, da wären dann zwei Antworten möglich.

Die erste: Ich hole aus der City, aus einem stinkfei-

nen Laden, der Credit-Cards statt barer Münze nimmt, eine sündteure Ration Leckerbissen!

Die zweite, weit vernünftigere Antwort: Ich koche ein *Erdäpfelgulasch*!

Und da Sie ein vernünftiger Mensch sind, werden Sie sich nun wohl, ungeachtet Ihrer Küchenmuffelei, daran machen, diese köstliche Alternative zur Ausuferung Ihrer Finanz-Misere zu erzeugen und dabei folgend agieren.

1. Sie schälen knapp ein Kilo Zwiebel und schneiden selbigen klein (für eine Wienerin ist die Zwiebel männlich, also »der Zwiebel«). Bei der Art von Zubereitung, die wir angehen, kommt es nicht darauf an, daß Sie die Zwiebeln sorgfältig und mühselig zu winzigen, gleich kleinen Würfelchen machen. Sie dürfen ruhig unordentlich grob zusammenschneiden.

2. In einem großen Topf schmelzen Sie drei üppig gehäufte Eßlöffel Schmalz und tun dann den Zwiebel hinein und rühren so lange auf mittlerem Feuer durch, bis der Zwiebel leicht gebräunt ist. In Kochbüchern wird dafür der Ausdruck »goldbraun« verwendet, aber so richtig golden braun werden die Schnipsel in Wirklichkeit eher nicht. Es reicht auch, wenn sie an den Rändern dunkelbraun und im Mittelteil glasig gelblich sind.

3. Sie tun 2 gehäufte Eßlöffel edelsüßen Paprika auf die Zwiebeln und schütten sofort einen Liter Wasser drauf. Haben Sie in Ihrem SOS-Notstandshaushalt noch zwei

Suppenwürfel, so bröseln Sie die dazu. Wenn nicht, tut es auch ein Kaffeelöfferl Salz. Falls Sie noch ein Resterl Paradeismark in einer Tube haben, quetschen Sie ebenfalls etliche Zentimeter rein. Dann rühren Sie noch kurz durch, tun den Deckel auf den Topf und lassen ein halbes Stündchen durchschmurgeln.

4. Während es im Topf artig schmurgelt, schälen Sie 2 Kilo speckige Erdäpfel und zerteilen diese auf mundgerechte Happen. Aber ja nicht zu klein, sonst kriegen Sie hinterher einen Topf voll Erdäpfel-Gatsch! Wenn Sie die Erdäpfelstücke so in der Größe von 3 mal 3 mal 3 cm (also daumenbreit) schnitzen, haut es hin. Und die kleinen Abschnipsel kommen auch ins Gulasch. Die dürfen sich ruhig zu Brei zerkochen. Das gibt dann dem Erdäpfelgulasch eine »mollige« Note.

5. Die halbe Stunde ist um, Sie tun den Deckel vom Topf und den Topf vom Herd. Im Topf ist nun ein ziemlich unansehnliches rotes Süppchen, gesprenkelt mit unschönen Zwiebelstücken. Denen machen Sie mit dem Pürierstab (auch Schneidestab genannt) des Handmixers den Garaus! Nach angemessener Pürierzeit haben Sie einen dünnen, hellroten Brei von einheitlicher Konsistenz. In den tun Sie die Erdäpfelstücke und ein reichliches Quantum Kümmelkörner. Die schmecken nicht nur gut, die helfen auch verdauen.

6. Sie stellen Ihren Topf wieder auf den Herd und bringen ihn zu sanftem Köcheln. Das sanfte Köcheln zeich-

net sich dadurch aus, daß nicht unentwegt roter Saft aus dem Topf hochblubbert und auf den Herd und die dahinter liegende Kachelwand spritzt!

Bis die Erdäpfel weich sind, wird es 20 Minuten bis eine halbe Stunde dauern. Etliche Male während dieser Zeit im Topfe zu rühren kann nicht schaden. Das verhindert das Anbrennen. Aber Sie müssen dabei schon mit dem Kochlöffel den Topfboden erreichen, Rührerei im oberen Gulaschbereich allein nützt gar nichts!

7. Nun ist Ihr Erdäpfelgulasch – falls Sie wirklich nur 30 Schilling besitzen – eigentlich schon fertig.

Aber falls Sie doch noch einen Zwanziger irgendwo gefunden haben sollten, setzen Sie ihn in Knackwurst, Burenwurst oder Dürre um, ganz wie belieben, und schneiden das Wurstzeug ins Erdäpfelgulasch.

Falls Sie eher dem Vegetarischen zuneigen, könnten Sie das Erdäpfelgulasch jetzt auch noch mit ein paar Löffeln saurem Rahm versehen.

Damit der in der roten Sauce nicht bröcklig sichtbar wird, verrühren Sie ihn zuerst mit ein paar Löffeln Gulaschsaft und schütten dann das rosa Gmachtl ins Gulasch.

Falls das Gulasch zu dick geworden ist, tun Sie etwas Wasser dazu.

Falls es zu dünn geworden ist, tun Sie ins kühle Rahm-Gmachtl ein Kaffeelöfferl Mehl.

Aber wer will denn schon bestimmen, wie dick oder wie dünn Erdäpfelgulasch zu sein hat?

P.S.
Für wieviele Leute Sie nun Erdäpfelgulasch erzeugt haben, kann ich Ihnen auch nicht ganz exakt sagen, denn es gibt gigantische Erdäpfelgulasch-Fresser. Bei mir ist manchmal einer zu Gast, der wäre sogar willens, einen ganzen 3-Liter-Topf leer zu essen. Aber so über den Kochdaumen gepeilt, müßte dieses 30-Schilling-Festessen denn doch für vier bis fünf Personen ausreichen, ohne daß Ihre Gäste hungrig Ihre Wohnung verlassen!

Zutaten für mehrere freudige Fresser:

1 kg Zwiebel
3 stark gegupfte Eßlöffel Schmalz
2 Eßlöffel edelsüßen Paprika
2 Suppenwürfel
ein bißchen Paradeismark
2 kg speckige Erdäpfel
1 Kaffeelöfferl Kümmelkörner
Salz und Pfeffer und eventuell:
etwas sauren Rahm und Wurst, die Sie mögen

Lektion 5

Fisch im Silberhemd

Der Küchenmuffel, der gern Fische ißt, hat es bei uns nicht leicht im Leben, wenn es um die Befriedigung seiner fischigen Eßgelüste geht. Ohne unsere lieben Beiselwirte kränken zu wollen, aber wirklich gute Fische, gut zubereitet, servieren sie ihren p.t. Gästen halt nicht; abgesehen vom freitäglich panierten Fischfilet vielleicht.

1-A-Fisch bekommt man hierzulande meistens nur in Lokalen, wo man dem Ober nach dem leiblichen Genusse allerhand bare Münze unter die diskrete weiße Serviette zu schieben hat.

Also täte auch der eingefleischte Muffel gut daran, sich selber in die Küche zu begeben, um – fürs erste einmal, denn das ist wirklich kinderleicht! – *Fisch im Silberhemd* zu machen!

Dieses Rezept ist zudem vorzüglich für Bewohner von Kleinstbehausungen geeignet, weil der Fisch zu keinerlei Abgabe von lästigem Geruch veranlaßt wird. Und teuer ist der »Fisch im Silberhemd« auch nicht.

Sie brauchen bloß, falls Sie zuerst einmal in aller Stille und für sich allein den Silberhemdfisch ausprobieren wollen:

20 dag Rotbarschfilet
10 dag Champignons
1/2 Zitrone
ein kleines Zwieberl (noch
besser eine Schalotte)
etwas Petersil und
Schnittlauch
mandelgroß Butter
2 Eßlöffel weißen Wein und
ein Stück Alufolie
(etwa 30cm mal 30cm)

Zuerst waschen Sie das Fischfilet – aber nur ganz kurz – unter kaltem fließenden Wasser und tupfen es mit einem Stück von der Küchenrolle trocken. Dann schneiden Sie es in 3 cm breite Streifen und drücken auf jeden Streifen ein paar Tropfen Zitronensaft.

Den Schwammerln schnipseln Sie zuerst die sandigen Fußerln ab, dann

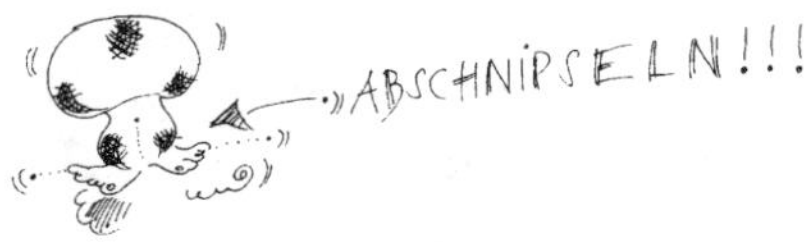

werden sie dünnblättrig geschnitten. Jedes Scheiberl so etwa einen Millimeter dick.

Den Schnittlauch schneiden Sie auf kleine Röllchen, den Petersil hacken Sie klein. Wie klein? So klein jedenfalls, daß jemand, der Petersil nicht kennt, aus dem Gehackten nicht mehr auf das Aussehen eines Petersilblättchens schließen kann.

Nun beschmieren Sie das Aluquadrat mit dem Butterstück, wobei Sie die Ränder (so 5 cm breit) frei lassen. Am besten schmieren Sie mit den Fingern. Mit einem Küchenpinsel zu schmieren wäre zwar die professionellere Methode, aber Finger sind leichter zu reinigen als ein fetter Pinsel. Und wenn der nicht wirklich gut gesäubert wird, stinkt er bald nach ranziger Butter und versaut Ihnen geruchsmäßig ein ganzes Küchenladel!

Haben Sie die Butterschmiererei vollbracht, schneiden Sie Ihr Zwieberl klein. Winzig klein, wenn's geht!

Glasstecknadelkopfgroß! Und haben Sie diese Fuzelei geschafft, vermischen Sie Zwiebel, Petersil, Schnittlauch und Champignons und breiten das Gemisch auf einer Hälfte vom Aluquadrat aus. So, daß der ungebutterte Folienrand frei bleibt.

Auf dieses Kräuter-Schwammerl-Zwiebel-Bett tun Sie die Fischstreifen. Anzunehmen, daß es drei oder vier Stück sind. Placieren Sie sie so, daß zwischen den Streifen je ein kleiner Abstand ist.

Nun bestreuen Sie die Fischstreifen noch mit ein bisserl Salz, wenn Sie mögen auch mit Pfeffer, und träufeln zwei Eßlöffel Wein darüber.

Dann schlagen Sie die freie Aluquadrathälfte über die belegte Hälfte, falten die Ränder zweimal um und drücken sie fest zusammen, bis Sie ein Alu-Packerl haben, dem kein Saft mehr entweichen kann.

Das Backrohr stellen Sie auf 200 Grad, und wenn es diese Temperatur erreicht hat, legen Sie Ihr Fisch-Packerl hinein und lassen es 15 bis 20 Minuten garen. Je nachdem, ob Sie den Fisch lieber »durch und durch durch« mögen oder ob Sie ihn lieber ein Häuchlein »glasig-japanisch« bevorzugen; was in letzter Zeit immer mehr »in« wird.

Erst bei Tisch ziehen Sie dem Fisch das Hemd aus und verspeisen ihn mit Weißbrot.

Übrigens: Wenn Sie so ein armer Küchenschlucker sind, daß Sie gar kein Backrohr besitzen, so können Sie Ihr Alu-Packerl auch auf einer Kochplatte in einer Pfanne mit dickem Boden garen. Sie legen das Packerl einfach in die ungefettete Pfanne, schalten die Platte auf mittlere Hitze und warten, bis sich die Folie prall aufplustert. Dann schalten Sie die Platte ab und lassen das Packerl noch 5 bis 6 Minuten in der heißen Pfanne liegen.

P.S.
Ein wirklich frischer Fisch darf gerade soviel Odeur von sich geben, daß Sie ihn beim Essen bis zu Ihren Nasenlöchern hinauf erschnuppern können. Fischelt er jedoch um den ganzen Tisch herum, so hat man Ihnen – herzlichstes Beileid dazu! – das letzte Filet von der vorletzten Lieferung angedreht.

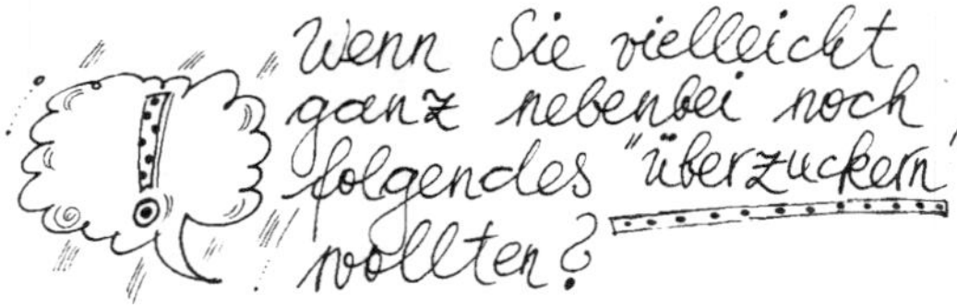

Es gäbe ein Gericht, das der größte Küchenmuffel – wenn er gut bei Kasse ist – mühelos und perfekt erzeugen könnte: Gänsestopfleber auf Äpfeln!

Dazu wäre, außer Gansleber, einem Apfel, Butter und Salz, nur noch ein Gemüt nötig, das von Tierquälerei völlig unbeeindruckt bleibt.

Um zu diesem Leckerbissen zu gelangen, muß man nämlich Gänse »stopfen«. Und das heißt, ihnen einen Schlauch ins Maul stecken, den die Speiseröhre hinabführen und Unmengen von Mais durch diesen Schlauch in den Gänsemagen füllen; wodurch die Gans eine kranke Fettleber bekommt, die sündteuer zu verkaufen ist.

Feinspitze, die auf Gänseleber nicht verzichten wollen, beteuern zwar, daß die »Mast« übertrieben geschildert werde und die Viecher eh nicht leiden, weil doch der Schlauch dünner als die Speiseröhre sei! Aber wer schon einmal eine Magenuntersuchung »mit Schlauch« hinter sich gebracht hat, wird da wohl anderer Ansicht sein.

Und überhaupt! Wenn man so einen fetten, schmierigen, rohen, fahlen Gänseleberbrocken angreift, sagt einem schon der g'sunde Hausverstand, daß es sich da um das Endergebnis einer Perversion handelt.

Drum verzichten wir auf »Foie gras«, so köstlich sie

auch sein mag. Und es könnte nicht schaden, wenn Sie einmal in einem Restaurant »Stopfleber« unter den Vorspeisen entdecken, dem Ober (der zwar nix dafür kann) einen kleinen, aber lauten Vortrag über Gänsemast zu halten. Täten das mehr Leute, wären bald alle Speisekarten gänseleberfrei und alle Gänse von der tagtäglichen »Schlauchqual« befreit.

P.S.

Protest in Restaurants ist auch angebracht, falls es irgendwo noch (ist aber schon selten!) »echte Schildkrötensuppe« gibt. Die armen Viecher müssen nämlich oft wochenlang gefesselt und zuhauf in Schiffsbäuchen liegen und auf ihre Tötung und nachfolgende Verarbeitung warten.

Und für »Froschschenkel« werden den Fröschen die Beine bei lebendigem Leib ausgerissen!

Ob Sie allerdings in einem italienischen Lokal gegen »gebratene Singvögelchen« Protest einlegen wollen, ist Sache Ihres Mutes und Ihres Wortschatzes!

Aber um ein Lokal fluchend zu verlassen, wo sich Nachtigallen fetttropfend am Spieße drehen, braucht es weder viel Mut noch perfektes Italienisch.

Man soll sich zwar als Tourist immer den Landessitten anpassen, aber sie soweit zu achten, daß man Singvögel abnagt, wäre doch übertrieben. Noch dazu, wo die angeblich gar nicht besonders gut schmecken!

Lektion 6
Ein süßes Schmankerl

Es soll ja Leute geben, die Süßes nicht mögen, aber für die meisten Menschen ist ja doch ein kleines, feines, zartes zuckriges Schmankerl das Happy-End jeder guten Mahlzeit. Wobei »zart« die hervorstechende Eigenschaft eines Desserts zu sein hätte!

In den letzten Jahren hat sich bei den Küchenmuffeln allerdings in Sachen »Dolce« die grobe Unsitte des Tiramisu breitgemacht. Zu Beginn der Tiramisu-Mode war diese Pantscherei aus Eiern, Mascarpone, Zucker und Biskotten – die Italovariante der Malakofftorte – ja noch einigermaßen erfreulich, weil neu. Aber schön langsam verdrießt einen der ewige Tiramisu-Nachtisch denn doch!

Also überlassen wir die unzarte Kalorienbombe den Teens, die bei ihren Feten Selbstgebasteltes servieren wollen, und machen wir uns an *Creme caramel*! Allerdings an eine Laien-Variante!

Die Profi-Methode, bei der glühheißer, karamelisierter Zucker in Förmchen gegossen wird, wage ich nicht anzubieten, weil ich selber bei dieser Art Creme-Erzeugung nur Erfolgserlebnisse im Verhältnis 3:1 habe und nicht weiß, warum sich der verflixte Caramel jedes vierte Mal bockbeinig verhält, sich trotz angebrachter Wartezeit nicht auflöst und beim Stürzen der Creme stur und beinhart am Boden der Förmchen verbleibt, von wo er nur mit einem Stemmeisen zu entfernen ist.

Aber hier soll es ja nicht um meine Mißerfolge, sondern um Ihre Erfolge gehen!

Also:

Sie brauchen für 4 große oder 6 kleine Portionen:

1/4 l Schlagobers
1/4 l Milch
6 dag Zucker
4 Eier
1 Prise Salz
1 Vanilleschote
8 dag braunen Zucker
und ein Backrohr, das einen Grill hat
(ohne den gelingt es nicht!)

1. Sie schlagen die 4 Eier in eine Schüssel, schütten Obers, Milch, Zucker und die Prise Salz dazu. Die Vanilleschote schlitzen Sie der Länge nach auf und kratzen mit einem Messerchen das Mark heraus. Das tun Sie auch in die Schüssel. Dann nehmen Sie eine Schneerute (eine Gabel tut's zur Not auch) und vermischen alles, was in der Schüssel ist, emsig, bis Sie keine schlitzigen Eiweißschlieren mehr sehen. Bei der emsigen Mischerei wird etwas Schaum entstehen, aber den wollen wir nicht haben. Und darum schöpfen wir ihn von der Oberfläche der gelben Sauce ab.

2. Sie nehmen eine feuerfeste Form und ein feinmaschiges Sieb. Durch das Sieb gießen Sie die gelbe Sauce in die Auflaufform. Die Siebschütterei wäre nicht unbedingt nötig, aber sie garantiert, daß wirklich kein Eiweißfädchen in der Sauce bleibt.

3. Sie stellen das Backrohr auf 140 Grad. In die Fettpfanne (das ist das Backblech mit dem hohen Rand) legen sie ein paar Lagen Zeitungspapier. Darauf stellen Sie die Auflaufform mit der gelben Sauce. Dann füllen Sie kochendheißes Wasser in die Fettpfanne. So viel, daß es bis zur halben Höhe der Auflaufform reicht.

Wenn Sie nicht nur zwei linke Kochlöffel, sondern auch zwei linke Hände haben, stellen Sie zuerst die Fettpfanne mit

der Auflaufform ins Rohr und gießen dann erst das heiße Wasser in die Pfanne. So vermeiden Sie, daß Sie sich beim Einschieben des beladenen Backblechs an überschwappendem Heißwasser die Finger verbrennen!

4. Nun muß die gelbe Sauce im Backrohr stocken. Wie lange das dauert, ist nicht exakt zu sagen. Das hängt davon ab, wie hoch die Masse in der Form steht. Nach einer halben Stunde etwa sollten Sie Nachschau halten.

Sie stechen mit einem dünnen, spitzen Messer ins Gelbe hinein. Wenn das Messer gatschfrei-sauber wieder rauskommt, kann die Auflaufform aus dem Rohr. Ist noch gelber Gatsch am Messer, muß sie weiter im Rohr bleiben. Und fängt die Oberfläche zu bräunen an, obwohl das Innere noch nicht gestockt ist, tun Sie ein Stück Alufolie über die Form. Und ist viel vom heißen Wasser, das die Form umdampft, verdunstet, schütten Sie heißes Wasser nach.

5. Nun ist endlich das Messerchen rein und sauber aus der gestockten Creme rausgekommen! Sie nehmen die Auflaufform aus dem Rohr, lassen sie abkühlen und stellen sie in den Eisschrank.

6. Knapp vor dem Servieren schalten Sie den Grill ein und bestreuen die Oberfläche der gestockten Creme schön gleichmäßig mit acht Deka braunem Zucker.

Wenn der Grill schön rot glüht, schieben Sie ihm die Auflaufform unter und warten, bis der braune Zucker geschmolzen und karamelisiert ist.

Aber bitte, warten Sie das wirklich beim Rohr stehend ab. Wenn der Zucker nämlich einmal zu schmelzen anfängt, geht der Prozeß des Karamelisierens blitzschnell vor sich. Da können schon dreißig unaufmerksame Sekunden aus duftender, goldbrauner Köstlichkeit eine brikettfarbene Stinkhaut machen!

7. Sie tragen die Creme caramel in der Form zu Tisch und ernten Lob und Anerkennung Ihrer Gäste.

P. S.

Auch Leute, die »nix Süßes mögen«, neigen bei Creme caramel dazu, sich hurtig und unaufgefordert einen »Nachschlag« zu grapschen.

Lektion 7

GAUMENLUST OHNE KALORIENFRUST

Sagen wir mal: Da ist ein netter, junger, männlicher Küchenmuffel, und der hat beide Augen auf eine nette, junge Dame geworfen, die erstens dauernd am Abspecken ist, zweitens enorm unter dieser selbst auferlegten Tortur leidet, und drittens – wie das bei heutigen jungen Damen ja vorkommen soll – in Sachen Kochkunst eine totale Niete ist.

Und der nette junge Mann will nun die nette junge Dame tief beeindrucken!

Dies ließe sich wohl durch die Überreichung eines Diamantrings schaffen. Oder durch geistreiche Äußerungen en masse. Vielleicht sogar durch einen Doppelsalto-rückwärts. Aber wesentlich billiger und müheloser läßt sich die abspeckende, darunter leidende und allen Kochkünsten fernstehende junge Dame tief beeindrucken, wenn ihr ein köstliches und dazu noch kalorienarmes Gericht serviert wird, das Zwei-Hauben-Qualität hat!

Da denkt die nette junge Dame dann nämlich: Also, wenn der Kerl sogar das kann, welche verborgenen Superqualitäten wird der sonst noch haben?

Und unverzüglich macht sie sich auf intensive Entdeckungsreise.

HOPPALA!!!
50
60
70

Umgekehrt funktioniert der Trick natürlich ebenso, wenn nicht sogar noch weit besser. Ein männlicher Abspecker, von Natur aus Gernfraß, läßt sich durch kalorienarme Gaumenfreuden oft sogar dazu hinreißen, einen Antrag auf ewige Zweisamkeit zu stellen.

Geeignet für so ein leichtes, schwer wiegendes Mahl wäre zum Beispiel: *Gebeiztes Rinderfilet.*

Wenn Sie diesen Anschlag ausführen wollen, müssen Sie ihn allerdings drei Tage vorher planen. Aber nur keine Angst! Sie kochen nicht drei Tage lang. Sie werken am ersten Tag bloß ein halbes Stündchen, am zweiten Tag gar nicht, und am dritten Tag wieder ein halbes Stündchen.

Am 1. Tag kaufen Sie folgendes ein:

einen Zwiebel (mittelgroß)
eine Karotte
Pfefferkörner
Lorbeerblätter
Gewürznelken
ein Bund oder Packerl Thymian
Knoblauch
Rotwein
Butter, Öl, Salz, Pfeffer und
40 dag Rindslungenbraten

Und dem Fleischhauer ringen Sie ein »Mittelstück« vom Lungenbraten ab. Das hat den optimalen Durchmesser für unser Vorhaben.

Dann gehen Sie heim und würfeln den Zwiebel und die Karotte recht klein.

Mit einem dicken Messerrücken zerdrücken Sie fünf Pfefferkörner und ein Knofelzecherl (samt der Schale). Falls Ihr Knofel winzige Zecherln hat, nehmen Sie zwei.

Nun greifen Sie zu einem festen Tiefkühlbeutel. In den legen Sie das Stück Rindsfilet.

Was Sie kleingeschnitten und zerdrückt haben, kommt auch in den Beutel. Dazu noch 2 Gewürznelken, ein Zweigerl Thymian und ein zerbröseltes Lorbeerblatt.

Dann schütten Sie ein Viertelliter vom Rotwein drüber und verschließen den Beutel und stellen ihn in den Eisschrank. Vielleicht in eine kleine Schüssel, damit er nicht umkippen und Saft verlieren kann.

Am 2. Tag mariniert das Fleisch vor sich hin, und Sie brauchen keinen einzigen Gedanken daran verschwenden.

Am 3. Tag holen Sie den Beutel aus dem Eisschrank und das Fleisch aus dem Beutel. Mit einem Stück von der Küchenrolle tupfen Sie es trocken.

Die Marinade schütten Sie durch ein kleines feines Sieberl in ein kleines Töpfchen.

In einem kleinen Pfanderl schmelzen Sie nußgroß Butter, tun, was im Sieberl zurückgeblieben ist, dazu, rösten es in der Butter ein bisserl an, schütten den Saft aus dem Töpfchen dazu und lassen das Gemisch auf kleinster Hitze ein paar Minuten sanftest weiterköcheln. So lange halt, bis die Zwiebel- und Karottenwürferln batzweich sind.

Nun braten Sie in einer anderen Pfanne das Filet – in etwas Öl – bei großer Hitze rundherum schön an. Dann schalten Sie die Hitze zurück und braten gut zehn Minuten weiter, wobei Sie den Fleischbrocken mehrmals wenden.

Haben Sie das hinter sich, nehmen Sie das Fleisch aus der Pfanne, wickeln es in Alufolie und lassen es an einem warmen Ort rasten. Dieser Ort kann auch Ihr Backrohr sein. Aber nur, wenn es sich exakt auf niedrige Temperaturen einstellen läßt. Achtzig bis neunzig Grad dürfen Sie dem Fleisch zumuten.

Während das Fleisch in der Folie vor sich hindöst, wobei sich der Saft im Fleisch gleichmäßig verteilt, schütten Sie, was in dem kleinen Pfanderl köchelte, wieder ins Sieberl und drücken Gemüse und Saft mit einem Löffel in das Töpfchen durch.

Dann tun Sie das Töpfchen, zum neuerlichen Anwärmen der Sauce, auf kleinste Hitze zurück.

Das Fleisch holen Sie aus der Folie, schneiden es auf vier Scheiben, legen je zwei Scheiben auf vorgewärmte Teller, übergießen sie mit dem Safterl und servieren die Köstlichkeit mit Weißbrot.

Und wenn die Person, für die Sie sich die dreitägige Mühe gemacht haben, während Ihres Brat-Endspurts nicht von selber auf die Idee kam, wenigstens den Salat anzumachen, sollten Sie ernsthaft überlegen, ob Sie nicht wenigstens ein Auge in Richtung einer etwas kooperativeren Partnerschaft werfen!

P.S.

Kruzitürken! Jetzt haben wir vergessen, das Fleisch zu salzen!

Na, wann hätten wir das denn tun sollen?

Wie? In den Plastikbeutel hinein, hätten wir das Salz schütten sollen?

Also, lieber nicht! Salz in der Marinade würde das schöne Fleisch auslaugen. Sie salzen es, nachdem Sie es abgetupft haben, bevor es ins heiße Öl kommt.

Klar? Na sowieso!

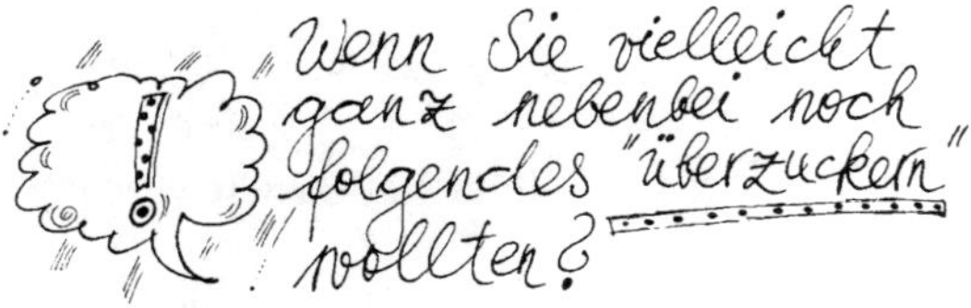

Einem Stück Fleisch – quer über die Budel – anzusehen, ob es von erstklassiger Qualität ist, bedarf eines Wissens und einer Erfahrung, die Sie ganz gewiß nicht haben.

Nehmen Sie daher demütig zur Kenntnis, daß Sie dem Fleischhauer total ausgeliefert sind. Und weil Sie, als Kochmuffel, der beileibe kein »erhaltenswerter Stammkunde« ist, nicht von vornherein und naiv blauäugig mit 1-A-Bedienung rechnen können, appellieren Sie tunlichst an die »Seele von einem Menschen«, als die sich auch jeder Fleischhauer gern sieht.

Fordern Sie ja nicht altklug, bloß weil Ihnen das ein Rezept oder die Tante Brunhilde so geraten hat, etwa ein »weißes Scherzl« ein! Es könnte leicht sein, daß Ihnen der gute Mann dann hinterhältig ein »Kügerl« auf die Waage legt, innerlich enorm erheitert davon, daß Sie es zufrieden nickend betrachten.

Zeigen Sie dem Fleischhauer, daß Sie ihn für Ihren Schutzengel halten! Stellen Sie sich noch tschapperlhafter, als Sie ohnehin sind!

Vermitteln Sie dem Mann das schöne Gefühl, daß Ihr Vertrauen in ihn grenzenlos ist, daß Ihr Kocherfolg allein von ihm abhängt, daß er also die ganze Verantwortung trägt!

Das wirkt in 99% aller Fleischhauer-Fälle!

Und hat es gewirkt, vergessen Sie beim nächsten Besuch im Laden das ausufernde Lob nicht!

Lob spornt auch einen Schutzengel zu vermehrter Fürsorge an.

Und falls Sie aus einem Gespräch zwischen dem Fleischhauer und einer Stammkundin mitbekommen haben, daß das Töchterl vom Fleischhauer die Masern hat, so fragen Sie beim nächsten Einkauf, wie es um die Masern vom Töchterl steht!

Nicht nur als Verkäufer, sondern auch als Mensch und Familienvater wahrgenommen zu werden, animiert zu menschenfreundlicher Güte.

Lektion 8

EIN TOPF UND VIER GÄSTE

»Eintopf« klingt österreichischen Ohren nicht gerade verlockend, denn dem Wort haftet der Geruch des lieblos Zusammengemanschten, traurig zu Tode Gekochten und zudem des »Piefkinesischen« an. Und denen, die dieses Idiom zur Muttersprache haben, traut der Österreicher keine nachahmenswerten Koch-Kompositionen zu; ob zu Recht, wollen wir hier nicht untersuchen.

Aber wenn man den »Eintopf« von allen Vorurteilen reinigt, so steht er herrlich da, als Oberbegriff für sämtliche Köstlichkeiten, für deren Zubereitung bloß ein Topf nötig ist. Und solches weiß ja gerade der Küchenmuffel, der meistens auch keine üppige Küchenausstattung sein eigen nennt, sehr zu schätzen. Wobei auch noch lobenswert zu erwähnen ist, daß man hinterher bloß einen einzigen Topf auswaschen muß!

Alle Gulascharten sind »Eintopf«. Und gegen Gulasch, das wir nun eintöpfig kochen, wird ja nicht einmal der verwegenste Piefke-Kost-Ächter etwas einzuwenden haben.

Wir könnten uns natürlich jetzt dem Spitzenreiter unter den Gulaschen, dem Rindsgulasch, zuwenden. Doch Rindsgulasch wird umso besser, je mehr man davon kocht und je öfter man es aufwärmt. Also überlassen wir es lieber den Beisel-Wirten. Und wir wollen uns ja auch nicht das Vergnügen nehmen, zum Wirten auf ein kleines Gulasch gehen zu können, ohne dieses gleich mit unserer Eigenproduktion vergleichen zu müssen, und uns unterlegen zu fühlen!

Wir kochen lieber *Szegediner Gulasch*, und wenn wir vier Gäste damit bewirten wollen, dann brauchen wir:

25 dag Zwiebel
75 dag Schweinsschulter
4 dag Schmalz
2 gehäufte Eßlöffel milden Paprika
1 Eßlöffel Paradeismark
75 dag Sauerkraut
1/2 Becher Sauerrahm
2 Zecherln Knoblauch
Salz, Kümmel
ein Fuzerl Zitronenschale und
1 großen, dicken, roten Paprika
(muß aber nicht sein)

Und nun können Sie schon drauflos werken:

1. Sie schälen den Zwiebel, halbieren ihn (vom Bart zum Zipfel hin) und schneiden die Hälften in feine Streifen. Je schärfer Ihr Messer, umso feiner das Ergebnis. Ein dünnes, scharfes Messer reduziert auch den Tränenfluß beim Zwiebelschneiden. Nur armer Zwiebel, der mit einem stumpfen Messer mehr gequetscht als geschnitten wird, treibt Sie ins heulende Elend.

2. Im Topf zerlassen Sie das Schmalz. Bitte, nehmen Sie wirklich nur Schmalz, es gehört unbedingt ins Szegediner Gulasch hinein, und die 0,8 dag pro Person verstopfen Ihre Blutbahnen schon nicht! Ins zerlassene Schmalz kommen die Zwiebelfäden. Die ersten paar Minuten, die der Zwiebel im Fett ist, braucht er noch keine Betreuung. In dieser Zeit schneiden Sie das Fleisch auf mundgerechte Happen.

Ob Sie dabei Fettfuzerln abschnipseln, liegt in Ihrem Ermessen. Ich täte es auf alle Fälle, falls ich mitessen wollte. Aber es soll auch Leute geben, die glasig-fettige Anhängsel am Fleische lieben und von »trocken« reden, so diese nicht vorhanden.

Nun rühren Sie im Zwiebel, bis er anfängt, glasig und dann gelblich zu werden. Dann schieben Sie ihn an den Rand des Topfbodens, legen die Fleischwürfel in die Mitte vom Topfboden und braten sie rundherum an.

Aber so genau müssen Sie das nicht nehmen. Wenn ein Würferl etwas blaß bleibt, ist es auch kein Malheur.

3. Sind die Würferln angebraten, vermischen Sie sie mit dem Zwiebel, streuen den Paprika drauf, rühren noch einmal hurtig um und gießen dann schnell mit einem halben Liter Wasser auf …

4. Jetzt kommt das Paradeismark in den Topf, dann ein Teelöfferl Salz, ein Teelöfferl Kümmel und der Knoblauch (feinst gehackt oder durch die Knoblauchpresse gedrückt). Und von einer ungespritzten Zitrone können Sie auch noch ein paar dünne Schalenfädchen dazutun.

5. Sie warten nun rührend ab, bis das rote Supperl brodelt, dann schalten Sie die Hitze auf klein, tun einen Deckel auf den Topf und lassen die Sache gut eine Stunde friedlich köcheln. Aber so alle zehn Minuten heben Sie den Deckel hoch und vergewissern sich rührend, daß alles OK ist. OK ist in diesem Falle: Das rote Supperl brodelt sanft, ist aber so flüssig, daß es nicht anbrennt.

Ist zu viel vom Supperl verdampft, tun Sie ein bißchen Wasser in den Topf.

6. Ist die gute Stunde um, kommt das Sauerkraut in den Topf. Es kann nicht schaden, wenn Sie es vorher zerzupfen. Dann läßt es sich besser mit dem Saft und dem Fleisch vermischen.

Nach einer weiteren dreiviertel Stunde des sanften Köchelns – wieder unter Beobachtung – rühren Sie den halben Becher sauren Rahm ein.

Womit Ihr Szegediner Gulasch fast fertig ist. Und falls Sie von der ganzen Prozedur schon erschöpft sind, so betrachten Sie es auch als fix und fertig und legen sich den roten Paprika, fein geschnitten, auf ein Butterbrot! Falls Sie aber noch Tatendrang verspüren, folgt:

7. Sie halbieren den roten Paprika längs, entfernen ihm alle Kerne und den weißen Pfropfen samt Stengel und legen die zwei Paprikahälften auf ein Stück Alufolie. Mit der Wölbung nach oben! Sie stellen den Grill an, schieben die Alufolie drunter und warten geduldig, bis die Paprikahaut schwarz wird und große Blasen wirft. Ist es soweit, nehmen Sie die zwei rabenschwarzen Dinger aus dem Ofen und decken sie mit einem feuchten Tuch zu. Und warten wieder geduldig, bis aus dem Tuch kein Dampf mehr aufsteigt.

Dann ziehen Sie den Paprikahälften die schwarze Haut ab, schneiden das hautlose Fruchtfleisch klein und pürieren es mit dem Schneidestab vom Handmixer.

Schließlich mischen Sie das rote Breichen unters Gulasch. Und wenn Sie das Gulasch vor der Zugabe vom Paprikamark gekostet haben und es hierauf nach der Vollendung mit dem Paprikamark verkosten, werden Sie einsehen, daß sich die Mühe gelohnt hat.

Und Ihre Gäste werden es Ihnen schmatzend bestätigen!

P.S.
Natürlich gibt es Paprikamark auch in Dosen zu kaufen. Aber – halten zu Gnaden! – da könnten Sie ja gleich eine Dose Szegediner Gulasch kaufen!

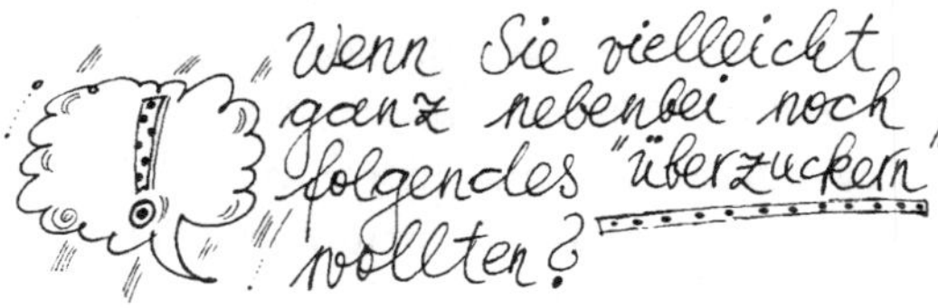

Es gibt viele Zwiebelsorten. Alle sind sie roh – mehr oder weniger – scharf. Gekocht, gedünstet oder gebraten aber ziemlich süßlich. Bei uns sind »rote« und »gelbe« Zwiebeln üblich. Die roten kommen in den Salat, mit den gelben wird gekocht. »Bessere« Geschäfte haben die weißen, teuren italienischen Zwiebeln. Die sind eher ein Gemüse. Ihre einzelnen Schichten sind so dick, daß sie sich schlecht auf winzige Würferln schneiden lassen. Man nimmt sie für Gemüsetöpfe, wo sie als große Zwiebelstücke erhalten bleiben dürfen. Oder man füllt und dünstet sie.

Noble Köche nehmen überhaupt nur die liebliche Schalotte zum Kochen feinerer Gerichte. So eine Schalotte ist ein längliches Zwiebelchen, an der dicksten Durchmesserstelle nicht breiter als vier Zentimeter. Ob sie Speisen wirklich so sehr verfeinern, weiß ich nicht. Bei uns sind sie eine Rarität, und die paarmal, die ich mich an ihnen versucht habe, reichen für ein Urteil nicht aus.

Aber jedesmal habe ich sie schön brav nach der »Meistermethode« zerschnitten. Die bringt winzigere Würferln und ist auch bei anderen Zwiebelsorten anzuwenden, so es sich um längliche Exemplare handelt.

Also: Man schält die Zwiebel, halbiert sie der Länge

nach, vom Bart zum Zipfel hin, legt die Hälfte mit der Schnittfläche aufs Schneidbrett und schneidet den Zipfel weg. Dann fügt man der Zwiebelhälfte etliche Schnitte zu, parallell zum Schneidbrett. So tief, daß die nun entstandenen Zwiebelscheiben nur mehr am Bart zusammenhängen. Dann setzt man viele Schnitte in Längsrichtung, vom Zipfelende zum Bart also! Und wieder so, daß beim Bart noch alles zusammenbleibt. Und nun erst wird quer geschnitten. Wobei man natürlich darauf zu achten hat, daß die Zwiebelhälfte nicht aus der Fasson gerät! Während Sie zuerst längs und dann quer schneiden, müssen Sie die Zwiebel mit Daumen und Zeigefinger der linken Hand (falls Sie Rechtsschneider sind, sonst umgekehrt) gut festhalten und daran hindern, in Scheiberln beziehungsweise Stifte zu zerfallen.

Das Ergebnis dieser Profi-Schnittart sind tatsächlich wesentlich kleinere Würferln als bei der Hausfrauen-Quer-Längs-Methode!

Und der ganze Vorgang liest sich nur kompliziert. Er ist leichter zu tätigen, als zu beschreiben.

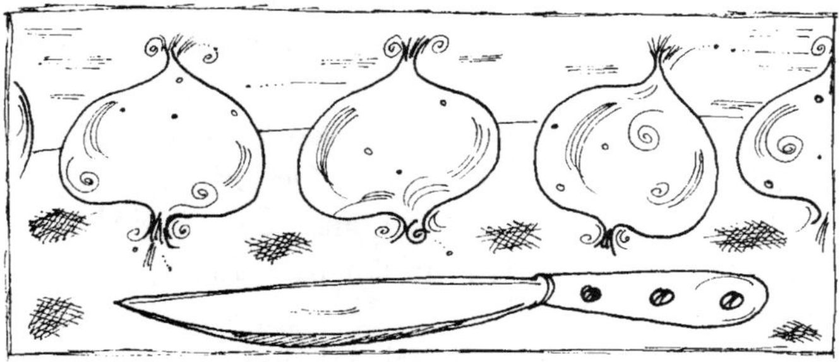

Aber – wie schon gesagt – man braucht längliche Zwiebelexemplare. Bei den dicken, bauchigen Zwiebeln bekäme man viel zuviel »Abfall« beim Längsschneiden, rechts und links vom Bart.

P.S.
»Jungen Zwiebel« gibt es auch noch. Das ist Zwiebel, der unfertig aus der Erde gezogen wird. Er schmeckt frisch und zart. Manche Leute essen ihn auf dem Butterbrot, andere tun ihn in den Salat. Und wie man ihn zerschnipselt, ist völlig egal, denn so zart und jung, wie er ist, macht er sich immer gut.

Und Perlzwieberln gibt es auch noch!

Von denen heißt es manchmal in Rezepten, daß man sie schälen, in Butter dünsten und glasieren soll.

Aber wer einmal ein halbes Kilo Perlzwieberln geschält hat, der müßte ein Masochist sein, dieses Rezept nicht hinterher aus dem Kochbuch zu reißen. Perlzwieberln pflegen nämlich beim Eintrocknen den kleinen »Zipfel« hinterhältig nach innen zu ziehen. Und will man sie schälen, hat man an jedem Mini-Zwieberl fluchend herumzufummeln, um das »Schlupfzipferl« mit einem spitzen Messerchen wieder aus dem Zwiebelfleisch herauszuholen.

Für Küchenmuffel also: Hände weg von den Perlzwiebeln!

Lektion 9

DIE LIEBE ZUM LABERL

Und es sprach Mr. Michael R. Quinlin, McDonald's Präsident: »Wer unsere lockere Eßkultur beklagt oder sich über den Geschmack und Nährwert des Standardmenüs Big Mäc, Pommes frites und Coca-Cola mokiert, muß sich wohl oder übel damit abfinden, daß die McDonaldisierung des Globus gerade erst begonnen hat.«

Dem mag ja nun wahrlich so sein, und ich will hier auch gar nicht dagegen eifern und geifern, ich will bloß daran erinnern, daß es auch noch die ehrenwerten Fleischlaberln gibt! Und hätten Sie, verehrter Küchenmuffel, die Güte, einmal versuchsweise die *Fleischlaberln* zu braten, so können Sie ja selber austesten – Laberl in einer, Mäc in der anderen Hand –, wem da von beiden der Vorzug zu geben ist. Und damit der Test wirklich »seriös repräsentativ« ausfällt, laden Sie sich noch drei eifrige Mittester ein!

Für vier eifrige Tester brauchen wir:

15 dag Kalbfleisch
25 dag Schweinefleisch
(beides mager ohne Flaxen.
Das lassen Sie sich gleich vom
Fleischhauer faschieren.)
10 dag Schinken mit dickem Fettrand …

(Wenn der Fleischhauer nicht bereit ist, den Schinken mitzufaschieren, müssen Sie ihn halt daheim selber kleinkriegen. Entweder mit einem Blitzhacker – aber sowas haben Sie wohl nicht – oder in Handarbeit, schneidend und hackend mit einem scharfen Messer.)

… und10 dag Weißbrot
(entrindet und auf
Würferln geschnitten)
1/8 l Milch (gießen Sie über
die Brotwürferln)
10 dag Zwiebel
(den schneiden Sie auf winzige Würferln)
2 Eßlöffel Öl
2 Zecherln Knoblauch
2 Eier
1 Teelöffel Senf von der scharfen Sorte
Salz, Pfeffer, Muskat, Majoran
und Öl zum Braten

Das faschierte Fleisch, den feinst gehackten Schinken und das leicht ausgedrückte, matschige Brot, die zwei Eier, den Senf, Salz, Pfeffer, ein Häuchlein geriebene Muskatnuß sowie eine gute Prise vom Majoran tun Sie in eine Schüssel.

In einem kleinen Pfännchen braten Sie die Zwiebelwürferln in den 2 Eßlöffeln Öl und tun den kleingehackten Knoblauch dazu, knapp bevor der Zwiebel hellbraun und damit fertig ist.

(Sie können den Knoblauch auch durch die Knoblauchpresse drücken, aber da entwickelt er einen weit aufdringlicheren Geschmack.)

Nun warten Sie, bis die Zwiebel-Knoblauch-Öl-Mischung ausgekühlt ist. Ist sie es, kommt sie auch in die Schüssel.

Und jetzt vermischen Sie alles. Dazu nehmen Sie keinen Kochlöffel, sondern Ihre sauberen Hände. Mit denen kneten Sie den Fleischteig durch, auf daß Sie eine völlig homogene Masse bekommen. Das gelingt wirklich nur mit den Händen perfekt!

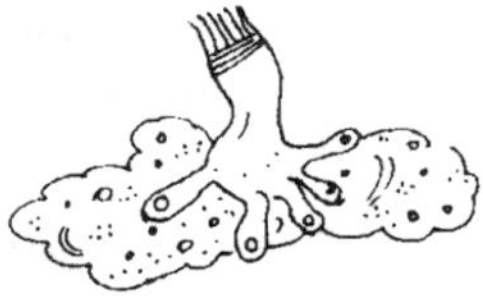

Ist alles gehörig vermanscht, formen Sie aus dem Fleischteig Laberln. Das schaffen Sie mit nassen Händen am akkuratesten, denn an denen bleibt der Fleischteig nicht picken.

Ob Sie Mini-Laberln formen oder lieber Maxi-Laberln fassonieren, ist Ihre Sache. Dünne Laberln – eh klar! – sind schneller durchgebraten. Laberln mit kleinem Durchmesser bringen – alles in allem – mehr knusprige Oberfläche. Anzunehmen ist, daß Sie an solcher interessiert sind. Auch anzunehmen ist, daß Sie von langer Bratzeit in ständiger Ungewißheit, ob die Laberln schon »durch« sind, nicht viel halten.

Also machen Sie eben kleine, dünne Laberln.

Über den Kochdaumen gepeilt: Pro Laberl 4 dag Fleischteig müßte ungefähr hinhauen!

Und wenn ich richtig kalkuliere, so müßten Sie dann etwa zwanzig kleine Laberln haben.

Und die werden nun in Öl gebraten. Bei mittlerer Hitze.

Wird das Fett zu heiß, sind die Laberln innen noch roh, wenn sie außen schon knusprig sind. Ist das Fett zu kalt, saufen sich die Laberln mit Öl voll.

Wie Sie die rechte Temperatur erkennen?

Rauchen darf das Fett auf keinen Fall. Da wäre es bei weitem zu heiß.

Wenn Sie einen Tropfen Wasser ins Fett fallen lassen, und der Wassertropfen spritzt zischend und dabei verdampfend wieder hoch, dann ist das Fett heiß genug.

Mögen Sie solch eine Spritzerei weniger, halten Sie eine Handfläche etwa zehn Zentimeter über den Ölspiegel. Spüren Sie es da reichlich warm, ist das Öl zur Aufnahme der Laberln bereit.

Wieviel Öl Sie nehmen sollen?

Also meine werte Frau Mutter hätte garantiert gesagt: »Gut einen Liter! Fleischlaberln müssen schwimmen!«

Sie müssen tatsächlich. Wäre der Pfannenboden nur gerade mit Öl bedeckt, bestünde die Gefahr, daß die armen Laberln am Boden anpicken. Aber einen ganzen Liter Öl brauchen Sie nicht. Steht das Öl in der Pfanne einen Zentimeter hoch, reicht es auch. In Zeiten, wo wir aus Gesundheitsgründen Backfett nur ein einziges Mal verwenden und es dann – aus Umweltgründen – sonderentsorgen müssen, kann man schon auf den Gaumenspaß des üppig schwimmend Ausgebackenen verzichten.

Aber wenn Sie dem Bratöl noch einen Klecks Butter spendieren, wird die Laberlkruste frohlocken!

P.S.
Die gehörige Beilage zu den Fleischlaberln ist ein Erdäpfelsalat.

Aber da Sie den ohnehin nicht zu sich nehmen können, weil Sie ja aus Testgründen beide Hände voll haben, verschieben wir dessen Zubereitung auf die nächste Lektion. Bis dahin werden Sie ja schon eine Hand frei haben. Und ich tät mich zu wetten trauen, welche das ist; allem globalen Siegeszug zum Trotz!

Lektion 10
SALAT DER BODENSTÄNDIGEN ART

Den grünen Salat hat man hierzulande ja immer eher gefoltert als zubereitet. Fast jeder österreichischen Köchin oberstes sadistisches Anliegen war es, grüne Salatblätter in einer Art »Essiglimonade« langsam ersaufen zu lassen. Und auch den allseits beliebten Gurkensalat marterte man heftig, indem die gehackelten Gurkenscheiben in lieblosen Kochhänden so lange gedrückt und gequetscht wurden, bis sie den letzten Tropfen Saft verloren hatten.

Der *Erdäpfelsalat* hingegen konnte sich stets liebevoller Zuwendung gewiß sein. Was wohl daher rührt, daß der Erdäpfelsalat in weiten Kreisen der Bevölkerung das sättigende Element des Mahls ausmachte. Von den Fleischlaberln standen den Kindern ein Stück, dem Papa zwei Stück zu, vom »Erdapfesolod« durfte sich jeder nehmen, soviel er wollte! So ein Erdäpfelsalat war also eher eine »Zuspeis«, denn ein Salat. Und da hierzulande die »Zuspeis« in Wirklichkeit die »Hauptspeis« war, nahm sich ihr die Köchin natürlich wohlwollend an.

Ein allgemein gültiges Erdäpfelsalat-Rezept gibt es nicht!

Schon wenn es um die Erdäpfelsorte geht, herrscht große Uneinigkeit. Angeblich sollen es ja die »Kipfler« sein, aus denen der Original-Erdäpfelsalat gemacht wird. Doch die Schar derer, die Kipfler ablehnen und für eine Erdäpfelsorte plädieren, die geneigter ist, etwas von der Marinade aufzusaugen, ist gewaltig groß. Es gibt sogar eine Minderheit, die Salat aus ganz mehligen Kartoffeln liebt und ins wohlige Schmatzen kommt, wenn der Erdäpfelsalat wie ein schlecht zerstampftes Erdäpfelpüree ausschaut. Und wieder ein Teil dieser Minderheit verehrt dieses schlecht zerstampfte Erdäpfelpüree besonders dann, wenn es noch nicht ganz ausgekühlt, sondern lauwarm zu Tische kommt.

Uneinigkeit herrscht auch darüber, ob die Erdäpfel-

scheiben ein paar Stunden in Rindsuppe zu marinieren haben, bevor der Salat endgültig »angemacht« wird.

Uneinigkeit herrscht ferner darüber, wie der Zwiebel für den Salat zu behandeln ist! Roter Zwiebel soll es natürlich sein. Und klein gewürfelt soll er sein.

Aber: Mischt man ihn einfach so unter die Erdäpfel?

Oder überbrüht man ihn vorher mit siedendem Wasser, damit er an Schärfe verliert?

Auch die Frage, ob Senf in den Erdäpfelsalat gehört, ist eine Streitfrage. Und die, die für Senf sind, sind sich dann aber noch lang nicht einig, ob Kremser oder Estragon-Senf! Außer Streit hingegen steht, daß Öl und Essig in den Salat kommen. Und Salz und Pfeffer.

Ob man den Salat mit Schnittlauch bestreut oder ob man ihn kurz vor dem Servieren mit ein bisserl Vogerlsalat anreichert, ist auch Geschmackssache.

Fassen wir also zusammen:

Sie kochen Kipfler, speckige Erdäpfel oder mehlige Erdäpfel in der Schale weich.

Sie schälen die gekochten Erdäpfel und schneiden sie auf dünne Scheiben (bei mehligen Erdäpfeln auf etwas dickere Scheiben).

Sie legen die warmen Erdäpfelscheiben in Rindsuppe und lassen sie darin ein paar Stunden ruhen. Oder Sie verzichten auf diese Geschmacksverfeinerung.

Sie schneiden roten Zwiebel auf kleine Würferln und überkochen diese Würferln in etwas Wasser oder Suppe. Oder Sie verzichten auf die Überkocherei.

Sie machen eine Salatsauce aus Essig, Öl, Salz, Pfeffer, dem Zwiebel und etwas Senf oder keinem Senf.

Sie tun die Erdäpfelscheiben in diese Salatsauce, mischen alles durch und streuen Schnittlauch drüber oder mischen Vogerlsalat drunter.

Eine andere Version des Erdäpfelsalats ist, die in Suppe marinierten Erdäpfelscheiben gut abtropfen zu lassen und sie dann mit Mayonnaise, die mit saurem Rahm »verlängert« wurde, zu vermischen.

P.S.
Wohlhabende Feinspitze schwören darauf, daß ein Erdäpfelsalat angemacht mit Trüffelöl der Gipfel des Gaumengenusses sei. Da aber Trüffelöl zu einem Preis gehandelt wird, als gehe es dabei um flüssiges Gold, wollen wir auf diese Salatvariante nicht näher eingehen.

Übrigens: Bohnensalat, ebenfalls ein einheimischer Liebling, unterliegt auch keinen strengen Rezeptur-

Gesetzen. Er braucht Öl und Essig, Salz und Pfeffer und Zwiebel.

Er verträgt aber auch:

Frische Thymianblättchen, Bohnenkraut, Paradeismark und geschnipselten grünen oder roten Paprika.

Und die Bohnen können Sie getrost aus der Dose nehmen! Die sind selbst eingeweicht und gekocht auch nicht besser. Aber wenn Sie den Salat nicht »schlitzig« wollen, spülen Sie die Dosenbohnen in einem Sieb unter fließendem Wasser kurz ab.

Lektion 11

SÜSSE PROBLEMLÖSER

Ein Küchenmuffel ist ja in der Regel nicht Betreuer und Ernährer von Kindern, denn müßte er das sein, hätte er sich wohl die Muffelei längst abgewöhnen müssen. Aber liebende Tanten und Onkel gibt es unter den Küchenmuffeln in rauher Menge.

Natürlich kann man seine Liebe zu Nichten und Neffen auch anders ausleben, als mit den Knirpsen zu kochen. Doch es gibt halt gewisse Kinderprobleme, die mit einem Minimum an Kocherei spielend aus der Welt zu schaffen sind. Weihnachten ist so ein Kinderproblem, denn Kinder möchten ja alle Leute, die sie gern haben, beschenken. Und das Geld, das sie sich gespart haben, reicht dazu meistens leider absolut nicht.

Also versuchen sich die armen Würmer im »Selbermachen« und fallen dabei von einem Frust in den anderen.

Der Patentmusterschal ist am 22. Dezember gerade auf Papas Kragenweite angewachsen! Der Tonaschenbecher für den Opa ist beim Brennen leider zersprungen. Auf der Haarspange für die Schwester wollen die Glitzersteine nicht festkleben! Das gebatikte Halstuch für die Mama ist steif wie ein Schneidbrett, weil sich das Wachs nicht rausbügeln läßt! Der

Versuch, für Brüderchen einen Hampelmann zu verfertigen, hat nicht mehr ergeben als siebzehn gerissene Laubsägeblätter! Und alles Ersparte ist dabei draufgegangen!

OK, liebende Onkel und Tanten können ja nun, Geldbörsel in der einen Hand, Knirps an der anderen, losziehen und Ersatzgeschenke besorgen. Aber das ist nur die zweitbeste Lösung, denn es deprimiert Kinderseelen ungemein, schon wieder einmal »gescheitert« zu sein und einen erwachsenen Geldgeber zu brauchen, der aus der Patsche hilft.

Die beste Lösung ist da der Weg in die Küche! Kochen ist nämlich wesentlich leichter als stricken, töpfern, laubsägen, kunstkleben und batiken!

Ganz leicht – und dazu noch billig – ist die Erzeugung von *Obers-Karamellen*, die dem Vergleich mit jedem k&k-Hofzuckerbäckerprodukt gewachsen sind. (Im Wohlgeschmack wenigstens! In der exakten Fassonierung vielleicht nicht so ganz!)

Und dazu braucht Ihr geliebter Knirps bloß:

1/2 l Schlagobers
50 dag Kristallzucker
2 Bogen Cellophanpapier und
1 Blatt Schreibpapier
(vielleicht pastellfarben)

Und in Ihrer Küche sollte vorhanden sein:

1 Topf mit dickem Boden und hohen Wänden (von wegen blubberndem Zuckerschaum)
1 scharfes Messer und 2 Löffel Öl
1 Kochlöffel mit langem Stiel (damit die Kinderhand möglichst weit vom Geblubber entfernt ist)
1 Marmorbrett (ein Backblech tut es zur Not auch)

Also: Ihr Darling stellt den Topf auf den Herd und schaltet auf große Hitze und schüttet zwei Becher Obers (noch besser: 2 Fläschchen, das ist umweltfreundlicher) in den Topf.

Dann wiegt der Darling ein halbes Kilo Zucker ab und schüttet den Zucker in das Obers.

(Falls der Darling Wiege-Schwierigkeiten haben sollte, weil er nur bis drei zählen und daher 50 dag nicht ablesen kann, unterstützen Sie ihn, ohne belehrend zu wirken. Belehrt wird der arme Wurm von seinen Eltern sowieso genug!)

Nun nimmt der Darling den Kochlöffel und rührt im Topf. Und Sie halten – immer schön diskret – den Topf fest, damit der nicht etwa von der Kochstelle rutscht und kippt. Verbrannte Nichten und Neffen würde man Ihnen nämlich sehr übelnehmen!

Wenn das Zucker-Obers-Gemisch zu köcheln und zu schäumen anfängt, wird alleremsigst weitergerührt.

So lange, bis ein milchkaramellenbrauner Brei entstanden ist, der sich vom Topfboden löst.

(Falls Ihnen die Sache zu gewaltig aufschäumt, schalten Sie auf kleinere Hitze.)

Und merken Sie, daß der Darling die Rührerei im Brennheißen doch nicht so recht schafft, so greifen Sie zu einem dezenten Trick.

Rufen Sie aus:

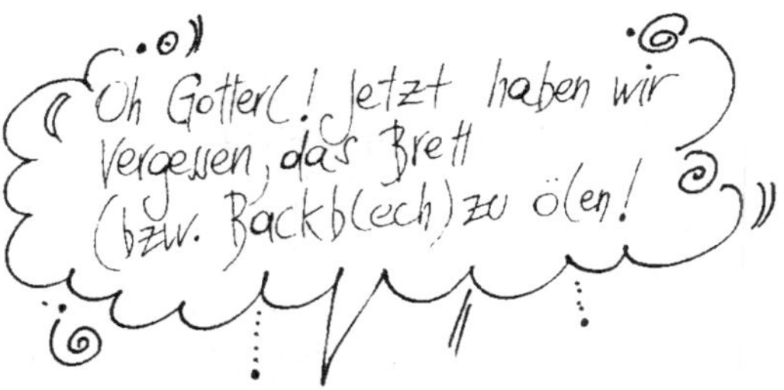

Worauf Ihnen der Darling den Kochlöffel übergeben und sich ans Einölen machen wird.

Während er dies tut, wobei weder ihm noch der Blubbermasse etwas Böses zustoßen kann, rühren Sie mit dem nötigen Sachverstand. Und ist die Zuckermasse so weit, wie sie sein soll, nehmen Sie den Topf vom Herd und gießen den Inhalt auf das ölige Brett.

Da bleiben Sie hart! Das lassen Sie den Knirps nicht »selber machen«. Das wäre zu gefährlich!

Und dann streichen Sie und der Darling den hellbraunen Brei hurtig auseinander. Bis Sie einen Fleck von ungefährt 1,5 bis 2 cm Dicke haben.

Ist das geschafft, muß der Zuckerfleck auskühlen!

Während der Kühlzeit dem Darling eine kleine Geschichte zu erzählen wäre passend. Am besten eine von der Sorte: »Als dein Papa (deine Mama) noch klein war ...«

Höhepunkte solcher Geschichten könnten sein: »... und dann hat sich dein Papa in die Hose gemacht!«

Oder: »... und dann hat deine Mama geglaubt, unter dem Bett ist ein Gespenst!«

Kinder können gar nicht genug davon kriegen, zu hören, wie ihre Eltern als Kinder in größter Not waren.

Ist die Geschichte zu Ende und der Zuckerfleck kalt, wird er mit dem scharfen Messer auf kleine Quadrate geschnitten.

Haben Sie die Zuckermasse ein bisserl zu lange auf dem Herd gehabt, könnte sich der Fleck als ein wenig brüchig erweisen. Aber das macht nichts. Bröseliger Bruch läßt sich mit dem Darling bei einer zweiten Geschichte hurtig vernaschen.

Nun wird das Cellophanpapier auf Quadrate geschnitten. Etwa 12 mal 12 cm. Und dann werden alle halbwegs ordentlich gelungenen Karamellen in Cellophan gewickelt. Nach der Christbaumzuckerl-Methode. Das schaut nicht nur prächtig aus, das plustert auch gewaltig auf! Da wirken schon 20 eingewickelte Bonbons sehr imposant.

Und damit das Geschenk wirklich »sehr persönlich« wird, schnipseln Sie das pastellfarbene Schreibpapier auf dünne Streiferln, auf welche der Darling Botschaften an die Beschenkten schreibt. »Du

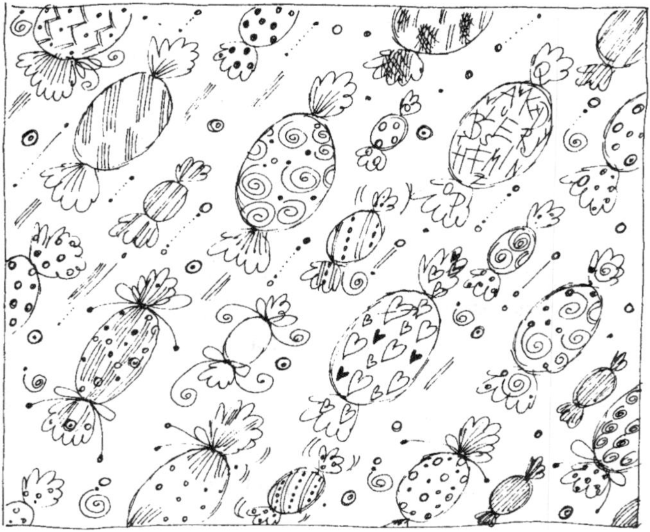

bist super!« Oder: »Naschen ist besser als Rauchen!« Oder auch: »Ab jetzt trag ich immer den Mist runter!«

Die Streiferl-Botschaften kommen – um die Karamellen herum – ins Wickelpapier rein.

Und noch bevor der Mama die Karamelle auf der Zunge zerschmilzt, wird ihr die Seele dahinschmelzen, wenn sie »Ich hab dich lieb« vom Zuckerl runterwickelt; selbst wenn diese Botschaft ein bisserl klebrig sein sollte.

Alternative: Trauen Sie sich oder Ihrem Darling – aus welch Gründen immer – die Zuckerl-Produktion nicht zu, wäre selbstgemachte *Ananasmarmelade* ein Ausweg.

»Echte« Ananas gilt noch immer als Luxus, ist aber heutzutage (durch Ausbeutung der Dritten Welt) relativ billig zu haben.

Für Ananasmarmelade braucht der Darling:

> Ein paar kleine Gläser
> mit Schraubdeckel (die finden sich
> in fast jedem Haushalt)
> 1 große oder 2 kleine Ananas
> 1 Paket Gelierzucker
> 1 Natur-Zitrone
> 1/8 l Whisky (der findet sich
> auch fast in jedem Haushalt)

Die Sache ist – im Sprachgebrauch Ihres Darlings – »total baby«!

Also: Der Darling schneidet der Ananas den Schopf ab, viertelt sie, säbelt die harten Strunkteile heraus, schneidet das Fruchtfleisch zuerst aus den Schalen und dann klitzeklein.

Nun wiegt er das Fruchtfleisch ab und tut die gleiche Menge Gelierzucker dazu.

Hierauf wäscht er die Zitrone und fuzelt die Schale herunter. Aber nur das Gelbe! Die Fuzeln schnipselt er auf dünne Streiferln. Und die tut er zu den gezuckerten Ananasbröckerln.

Dann preßt er die Zitrone aus und gießt den Zitronensaft auch ins Ananas-Zucker-Gemisch.

Jetzt muß die Sache drei Stunden saftlassend ziehen.

Solange Geschichten zu erzählen, stehen nicht einmal besonders liebende Onkel und Tanten durch. Aber ein Kinobesuch könnte sich gerade gut ausgehen!

Hat die Sache ihre drei Stunden gezogen, kommt sie auf den Herd, wird zum Kochen gebracht und muß vier Minuten sprudelnd kochen. Wobei ständig gerührt wird! (Ganz nebenbei: Man rührt nicht »in Runden«, sondern besser »quer durch«; sozusagen Sekanten und Durchmesser ziehend.)

Nach vier Minuten kommt der Topf vom Herd. Etwa 4/5 vom Whisky werden reingeschüttet und untergerührt.

Und jetzt wird die Marmelade sofort in die kleinen Gläser abgefüllt, der restliche Whisky wird darüber verteilt, und die Gläser werden verschlossen.

Damit das Marmeladengeschenk besonders »edel« wirkt, könnte der Darling aus Stoffresterln Kreise schneiden. Im Durchmesser ungefähr 8cm größer als die Deckel der Gläser.

Die Stoffkreise werden mit Gummiringerln über die Deckel gespannt. Und wenn der Darling dann noch in seiner besten Schönschreibeschrift »Von Bumpfi für Mumeli« (oder wie immer die kosenden Intimitäten sein mögen) auf Etiketten malt und diese auf die Gläser pickt, hat er ein »unbezahlbares« Geschenk!

P.S.
Und falls der Papa Marmelade nicht ausstehen kann, machen wir ihm halt *Ananas-Chutney*, der zu allen Sorten von kalten und warmen Braten vorzüglich exotisch mundet!

Um den zu erhalten, braucht man:

1 Ananas
25 dag Zwiebel
2 Eßlöffel Öl
15 dag braunen Zucker
2 Eßlöffel Sherry-Essig
1 Teelöffel frisch geriebenen Ingwer
1 Teelöffel scharfen Curry

Die Ananas wird – wie bei der Marmelade beschrieben – auf Bröckerln zerteilt. Der Zwiebel wird klein gewürfelt und im Öl glasig gedünstet.

Ananasbröckerln, Zucker, Essig, Curry und Ingwer kommen in den glasigen Zwiebel.

Diese Mischung wird, unter ständigem Rühren, so lange gekocht, bis sie die Festigkeit dicker Marmelade hat.

Dann kommt sie in kleine Gläser und hält sich in denen – kühl gelagert natürlich – gut und gern zwei Monate.

P.S.

Statt einer Ananas könnte man auch eine große Mango, allerdings keine allzu reife, nehmen. Dann bekommt man Mango-Chutney.

Und haben Sie mit dem Papa vom Darling noch eine »uralte Rechnung zu begleichen«, dann tun Sie noch einen Eßlöffel Chili ins Chutney; damit er endlich einmal ins Schwitzen kommt!

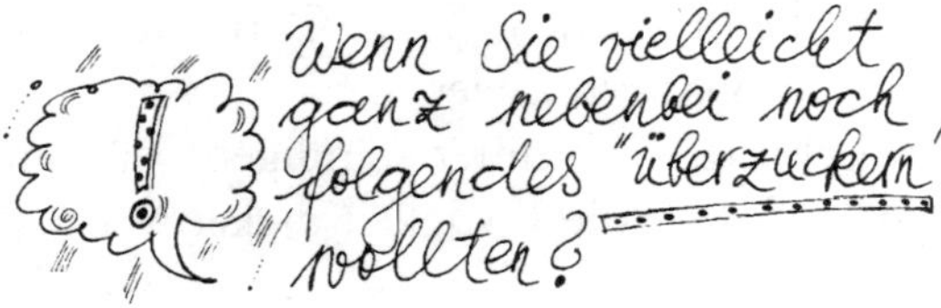

Lektionen über flaumige Kuchen, lockere Torten und zarte Rouladen werden Sie, verehrte Küchenmuffel, in diesem Büchlein vergebens suchen, weil ich mir nicht zutraue, Ihnen die Verfertigung biskuitener Mehlspeisen so »clever« zu erklären, daß Sie fähig werden, diesen äußerst sensiblen Vorgang richtig hinzukriegen. Ich habe ja, wie im Vorwort erwähnt, eifrige Erinnerungsarbeit an die Zeit geleistet, wo ich selber noch nicht kochen konnte. Und in dieser Zeit hatte ich die gröbsten Probleme mit den »feinen Mehlspeisen«.

Tat ich, wie die eine Sorte von Rezepten befahl, zuerst das Mehl in den Dotter-Zucker-Abtrieb, erhielt ich eine zähe Masse, die den lockeren Eischnee nicht und nicht aufnehmen wollte, und während ich sie trotzig dazu zwang, zerfiel mir der gute Eischnee komplett!

Und tat ich, wie in anderen Rezepten geheißen, Mehl und Eischnee zu gleicher Zeit auf den Dotter-Zucker-Abtrieb, so wollte wieder das Mehl keine innige Verbindung mit den anderen Zutaten eingehen und zog noch in der Tortenform milchstraßenähnliche Schlieren durch den Teig.

Und die Anweisung, ganze Eier mit Zucker »über Dampf« warm aufzuschlagen, war überhaupt das Allerletzte! Da bekam ich regelmäßig zuckrige Eierspeis am Rande der Rührschüssel und dünnen Schaum in deren Mitte! Und wollte ich – ganz egal nach welcher Methode – dem Biskuit noch geschmolzene Schokolade spendieren, dann erhielt ich Schokoladenkleister der klebrigsten Sorte.

Und gelang mir hin und wieder doch ein rechtschaffener Teig, so verhunzte ich ihn beim Backen.

Und zog ich doch einmal eine artig hochgegangene und trotzdem nicht verbrannte Torte aus dem Backrohr, dann beliebte sie, beim Auskühlen trichterförmig einzusinken.

Wer flaumige Mehlspeisen backen lernen will, der möge sich – so wie ich es tat – in die Küche einer kundigen Person begeben, der er das »Handwerk« abschauen kann. Beim Zuschauen lernt man mehr als beim Lesen. Und es ist wesentlich einfacher, einem Menschen einen Schneebesen richtig in die Hand zu drücken, als zu beschreiben, wie selbiger richtig in der Hand zu liegen und geschwungen zu werden hat!

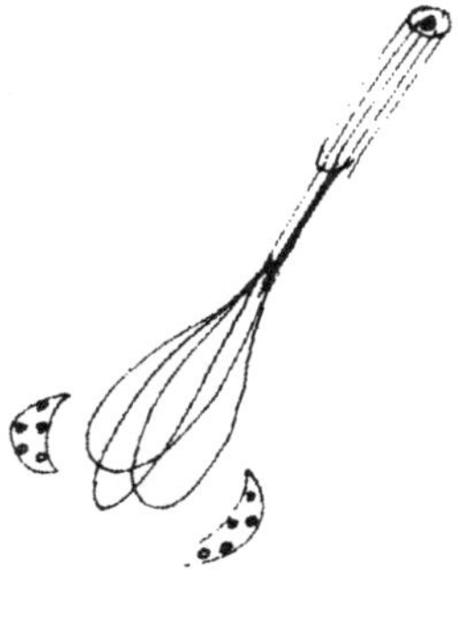

Lektion 12
WENN DIE FÜRSTIN MIT DEM ZAREN…

Kochbücher und Kochzeitschriften verdanken ihren erfreulichen Absatz auch dem Umstand, daß sie nicht nur als Arbeitsanleitung genommen werden, sondern auch als duftige Basis kulinarischer Tagträumereien!

Man blättert und schaut und liest und stellt sich vor, daß man dieses und jenes – und auch noch dieses – kochen und auftischen und verspeisen könnte. Und hat man lange genug geblättert, geschaut und gelesen, dann erhebt man sich zufrieden und schmiert sich ein Butterbrot!

OK, träumen wir also auch eine Lektion lang! Und wenn wir schon träumen, dann wollen wir großzügig sein!

Träumen wir uns:

Buchweizenblinis nach Zarenart mit schottischem Räucherlachs und echtem Kaviar!

Weil Blinis am besten schmecken, wenn sie knusperfrisch aus der Pfanne kommen, träumen wir uns zuerst einmal eine edle Luxusküche. Eine, in die man auch einen Zaren zur zweisamen Schlemmerei bitten kann!

Oder eine russische Fürstin! (Kommt ganz auf das Geschlecht des kulinarischen Tagträumers an.)

Wie Sie sich so eine Luxusküche imaginieren, ist ja wirklich Ihre Sache! Aber falls Sie da Nachhilfe brauchen: In dieser Saison hat der Küchen-Schickimicki eine Edelstahlküche mit Granitarbeitsflächen und in der Mitte der Dreißig-Quadratmeter-Küche einen »Küchenblock« mit integriertem »Tresen« und Barhockern an diesem!

Wenn Sie sich die Küche fix und fertig erträumt haben, dann stellen Sie bitte bereit:

15 dag mittelfein gemahlene Buchweizengrütze
(aus dem Mikro-Makro-Bio-Natur-
Alternativ-Laden)
10 dag Mehl
2 dag Germ
1 Teelöffel Zucker
1/4 l lauwarme Milch
1 Ei
5 dag Butter
Salz und 4 üppige Eßlöffel Butterschmalz
(den Räucherlachs und den Kaviar
lassen Sie noch im Eisschrank)

1. Drei Stunden bevor der Zar (oder die Fürstin) an der Wohnungstür klingelt, rösten Sie die Buchweizengrütze in einer Pfanne (ganz ohne Fett!) goldbraun, gießen – so sie es ist – ein knappes Viertel Wasser drauf und lassen die Sache auskühlen.

Dann mischen Sie das Mehl darunter, tun das Gemisch in eine Schüssel, drücken in die Mitte eine kleine Mulde, bröseln die Germ in diese, streuen den Zucker zur Brösel-Germ und tröpfeln drei Eßlöffel von der Milch darüber.

Nun vollzieht sich ziemlich hurtig eine Art von »Germwunder«. Die Germbröckerln lösen sich ganz von alleine auf. Das macht weniger die Milch, daran ist der Zucker schuld. Warum der das kann, weiß ich nicht.

2. Hat das »Germwunder« stattgehabt, stecken Sie einen Löffel in den Germgatsch und rühren vorsichtig darin um. So, daß in jeder »Runde« ein bißchen von der Grütze-Mehl-Mischung in die Germ eingearbeitet wird.

Haben Sie in der Schüsselmitte einen pingpongballgroßen Klumpen erzeugt – Vorteig nennt sich das! –, decken Sie ein feuchtes Tuch über die Schüssel.

3. Nach etwa zwanzig Minuten kommt das feuchte Tuch weg und die restliche Milch, eine Prise Salz, die geschmolzene Butter und das Ei in die Schüssel.

Mit den Quirlen des Handmixers rühren Sie nun den Schüsselinhalt gut durch. So lange, bis der Blini-Teig geschmeidig und völlig bröckerlfrei ist. Dann kommt wieder das feuchte Tuch auf die Schüssel, denn der Teig muß jetzt »gehen« und will sich dabei nicht zuschauen lassen.

4. Falls sich der Zar (oder die Fürstin) ein bißchen verspäten sollte, weil Pünktlichkeit nur die Höflichkeit der Könige ist, ist das aber kein Unglück. Ob der Teig zwei Stunden oder drei Stunden »geht«, spielt keine Rolle.

5. Ist der Zar (oder die Fürstin) dann eingelangt, holen Sie die zwei Teller, die Sie vorbereitet haben, aus dem Eiskasten.

Auf den Tellern befinden sich, allerartigst arrangiert: Geräucherter schottischer Wildlachs, gekrönt mit Kaviarhäufchen und Sauerrahmklecksen und Dillspitzerln.

Die Teller stellen Sie auf den »Küchentresen«, wo der Zar (oder die Fürstin) bereits Platz genommen hat.

6. Nun erhitzen Sie ein wenig vom Butterschmalz in einer Pfanne und backen darin kleine, nicht zu dünne Blinis aus dem »aufgegangenen« Teig. Pro Blini ein großer Eßlöffel voll Teig sollte reichen.

(Und nur keine Angst vor lästigem Backgestank! Ihre Traumküche hat ja einen Dunstabzug über dem Glaskeramikkochfeld!)

7. Ist eine Pfannen-Ladung fertig, schieben Sie die Pfanne zur Seite, teilen mit Ihrem Besuch die Blini-Ration brüderlich (oder schwesterlich) und verspeisen das knusperfrische Erzeugnis als Beilage zu Lachs und Kaviar.

Sind die Blinis weggefuttert, kommt die Pfanne wieder auf den Herd und die nächste Portion wird gebacken.

Und so fort, bis aller Teig verbraucht oder völlige Sättigung eingetreten ist.

P.S.

Sollte der Champagner, den Zar (oder Fürstin) mitgebracht hat, zu warm sein (was ja leicht möglich wäre, wenn die hohe Herrschaft ohne Kühltasche unterwegs war), stellen Sie die Flasche in den Champagner-Kübel, den Sie mit Crash-Eis gefüllt haben.

Oder sind Sie zu bescheiden, um sich einen Kühlschrank zu erträumen, der Eiswürfel in jede gewünschte Fasson zertrümmert?

Übrigens: Champagner trinkt man nicht aus diesen flachen, breiten Schalen am langen Stiel; auch wenn Sie das in vielen alten Hollywoodfilmen so gesehen haben!

Champagner braucht hohe, schlanke »Flöten«. In denen halten sich die »Perlen« – und auf die kommt's ja an – weit länger.

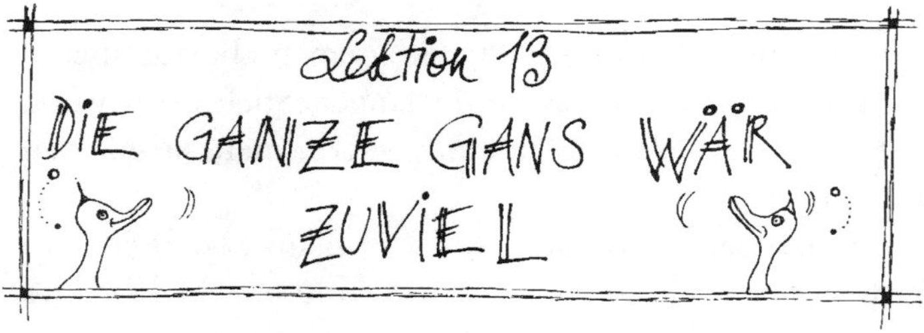

Kindheit – und wir sind die erste Erwachsenen-Generation, die das echt kapiert hat – ist nie eine wirklich glückliche. Aber im ganzen, großen Kinderunglück gibt es doch Stunden der Glückseligkeit, an die man sich als »Großer« immer wieder gern erinnert, und ein gar nicht geringer Teil dieser Stunden ist mit Nahrungsaufnahme verbunden.

Für den einen mag das der Löffel voll – in Schmalz geröstetem – Mehl sein, den er sich aus dem Einbrennreindl zu stibitzen pflegte, für den anderen ist es die Erdäpfelschmarrnkruste, auf die nicht seine »blöde« Schwester, sondern er allein Anspruch hatte, wieder andere kommen sogar ins Schwärmen über »Kriegs-Bohnentorte«, und daß diese im Geschmack der echten Maronitorte weit überlegen gewesen sei.

Abgesehen von diesen Individual-Erinnerungen an Essens-Glück haben die meisten Erwachsenen aber total verklärte Festessen-Erinnerungen. Was wohl daher kommt, daß früher im grauen Alltag viel sparsamer aufgekocht wurde als heutzutage und somit das Feiertagsessen gebührend zur Kenntnis genommen werden konnte.

Der Gänsebraten, scheint es, steht da bei den meisten Leuten an der Spitze aller Gaumen-Genuß-Erinnerungen. Was ja auch kein Wunder ist, denn er wurde nur zu Weihnachten aufgetischt und geht in der Erinnerung also mit Tannenbaum und Sternspuckern, Wachskerzenduft und frommen Liedern, erfüllten Wünschen und festlich-friedlichen Mamas und Papas einher.

Sehr pessimistische Leute begnügen sich damit, dieses Glück in ferner Kindheit mehrmals genossen zu haben. Doch die Optimisten unter uns drängen auf Wiederholung! Sie wollen ihr Gänse-Glück zurückhaben! Und wenn schon nicht zu Weihnachten, dann zum Martinstag! Und sie sind schrecklich deprimiert und fühlen sich total ungeliebt, wenn ihnen niemand den heißen Gänsewunsch erfüllt!

Klar gibt es Restaurants, in denen – meistens im November, um Martini herum – ein »Gansl« auf der Speisekarte steht. Aber so eine Portion Gansl kann es doch nie im Leben mit den Kindheitsgänsen aufnehmen! Gans muß stundenlang braten, kommt also garantiert aus der Mikro-Welle auf den Wirtshaustisch. Und aufgewärmte Gans hat Geschmacksverlust! Zudem weiß man ja nie, welches Stück von der Gans auf dem Teller liegen wird. Pürzel mit Bein? Oder Flügerl mit Rückgrat? Wo doch seinerzeit die Mama immer drauf geschaut hat, daß ihr kleiner Liebling das beste Bruststück bekommt! Und der zauberhafte Geruch, der stundenlang die ganze Wohnung durchschwebte, der ist ja im Restaurant, wo drauf geachtet wird, daß so wenig wie möglich zur Küchentür rausschwebt, auch nicht zu haben!

Ein Gänsebraten, der es mit den Erinnerungsstücken

aufnehmen kann, muß im trauten Heim in den Ofen kommen!

Aber erstens hat so ein Gänsevieh allerhand Gewicht und läßt sich nur in sehr großer Runde restlos verputzen, und zweitens ist es auch gar nicht so leicht, den ganzen Vogel weich und trotzdem knusprig zu bekommen und ihn außerdem noch zu bewegen, alles überschüssige Fett auszuschwitzen.

Eine ordentliche Gans ordentlich zu braten ist eine Plackerei, die sich kein Küchenmuffel zumuten sollte; auch dann nicht, wenn ihn ein allerliebster Mensch flehentlich bittet! Doch der allerliebste Mensch muß deswegen noch lange nicht auf ewig mit Gänse-Frust durchs Leben gehen. Die Lösung ist:

Gebratene Gänsebrust

Die Brust der Gans, also die zwei mit Gänsehaut bedeckten Brustseiten auf dem Brustknochen, wird allerdings nicht überall zum Kauf angeboten. Aber es gibt schon Geflügelhändler, die bereit sind, Ihnen diesen allerschönsten Gänseteil »pur« auszuliefern.

Wie? Sie haben kaum Zeit, kreuz und quer durch die Stadt zu rennen, um Ihr Gänseanliegen vorzutragen? Ist einzusehen! Dann nehmen Sie halt das Telefonbuch, Branchenteil, schlagen den Geflügelhandel auf und telefonieren herum. Falls Ihnen auch das zuviel der Mühe ist, überschlagen Sie Lektion 13 und lesen Sie bei Lektion 14 weiter. Dort geht es müheloser zu!

Wenn Sie aber herumtelefoniert und einen Gänsebrustlieferanten eruiert und das gute Stück auch schon heimgeholt haben, dann gehen Sie damit folgend vor:

Sie schütten etwa 3/4 l Wasser in eine Bratpfanne und tun einen gehäuften Kaffeelöffel Salz dazu.

(Vorteilhaft wäre es, wenn die Bratpfanne die richtige Größe hätte! Und richtig wäre die Größe, wenn sie etwas länger und breiter als die Gänsebrust wäre, das gute Fleischstück sich in ihr also weder »eingepfercht« noch »verloren« vorkommen muß.)

Nun legen Sie die Gänsebrust mit der Hautseite nach unten in die Pfanne.

Dann schalten Sie das Backrohr auf 225 Grad Celsius. Haben Sie ein altes Gasbackrohr, müßte das die »Stufe 4« sein.

Jetzt schälen Sie drei Zwiebelhäuptel von der mittelgroßen Sorte, also ungefähr in Tennisball-Größe und schneiden sie auf gröbere Stücke. Die kommen rund um die Gänsebrust herum auch in die Pfanne. Und über die Zwiebelstücke streuen Sie einen Eßlöffel voll Majoran.

Wenn Sie das in aller Gemächlichkeit geschafft haben, wird das Backrohr genügend aufgeheizt sein, und Sie können die Pfanne in den Ofen schieben. Und zwar auf die mittlere Einschubschiene.

Eine Stunde hat die Gänsebrust nun so vor sich hin zu schmurgeln, wobei Sie so alle zehn, zwölf Minuten die Rohrtür öffnen, die Pfanne ein wenig rausziehen und die Gänsebrust mit »Fond« – das ist der Saft in der Pfanne – übergießen.

Ist die Stunde um, drehen Sie auch die Gänsebrust um. So, daß nun die Hautseite oben ist. Und jetzt muß sie noch eine halbe Stunde braten. Wobei Sie wieder so alle zehn, zwölf Minuten ein paar Löffel vom Fond über die Gänsebrust gießen und solcherart die Gänsehaut beim Bräunen und Knusprigwerden unterstützen.

In dieser letzten halben Bratstunde könnten zwei Probleme auftreten:

1. Die Gänsehaut bräunt viel zu schnell und droht vor dem Ende der nötigen Bratzeit schwarz zu werden. Wenn dem so sein sollte, legen Sie ein doppeltes Stück Alufolie auf die Haut.

2. Die Gänsebrust bleibt fahl. Das ist dann höchstwahrscheinlich Schuld Ihres lahmen Backrohrs. Da könnte es helfen, das Backrohr – wenn möglich – auf noch stärkere Hitze zu stellen oder die fahle Gänsehaut mit ein bißchen Weinbrand einzupinseln. Der Schnaps-Schock wirkt sich bräunend aus. Und falls das auch nicht hilft, muß die Gans halt länger im Rohr bleiben. Gans ohne Knusperkruste darf nicht sein! Und irgendwann bleibt ihr auch nichts anderes übrig, als sich in diesen Zustand zu begeben!

Ist es soweit, holen Sie die Pfanne aus dem Rohr und die Brust aus der Pfanne. Die Brust tun Sie auf einen Teller und stellen sie – damit sie heiß bleibt – ins abgeschaltete Rohr zurück.

In der Pfanne haben Sie nun, weil alles Wasser ja inzwischen verdampft ist, Fett, Zwiebel und an den Pfannenwänden die sogenannten »Röststoffe«. Das

Fett schütten Sie aus der Pfanne in ein Häferl. Erkaltet ist es ein Super-Schmalz fürs Jausenbrot.

In die Pfanne tun Sie etwas Wasser, gerade bodendeckend, und kratzen dann die Röststoffe mit einem Messerchen von den Wänden und dem Boden der Pfanne.

Haben Sie diese »Geschmacksträger« losgelöst, schütten Sie alles, was in der Pfanne ist, in einen Becher und pürieren es mit dem Schneidestab des Handmixers so lange, bis die Zwiebelstücke total zermantscht und mit dem Saft eine innige Verbindung eingegangen sind.

Ist während dieser Arbeit der Saft ausgekühlt, müssen Sie ihn noch einmal erwärmen.

Dann kommt die Gänsebrust aus dem Rohr, wird vom Brustknochen gelöst und auf Scheiben geschnitten.

Ob Sie die Schnitten mit dem heißen Saft übergießen oder den Saft extra servieren, bleibt Ihrem werten Belieben überlassen.

Sie sehen, werte Küchenmuffel, sich – oder einem netten Menschen – so einen »Gänsetraum« zu erfüllen wäre direkt ein »Klacks«! Wobei der Konjunktiv im vorigen Satze daher rührt, daß es da leider noch ein ziemliches Problem gibt. »Gans und nix dazu« geht nämlich nicht. Und ein Stück Weißbrot zur Gänsebrust anzudienen, würde sie einem übelnehmen, denn sie ist da wesentlich heikler als Steak oder Gulasch! Gans, egal ob als ganze oder auf Brust reduziert, will Erdäpfelknödel oder Erdäpfelnudeln neben sich wissen!

Das schaffen Sie nie im Leben?

Ich denke, *Erdäpfelnudeln* schaffen Sie, denn bei denen ist der Kochvorgang im salzigen Siedewasser etwas unkomplizierter als bei Knödeln. Weil die Nudeln dünner und eindeutig »durch und durch« gar sind, wenn sie aus dem Pott aufsteigen und auf der Wasseroberfläche schwimmen. Und wenn wir zudem noch die Variante »Schupfnudeln« wählen, schaffen Sie die Erdäpfelnudelerzeugung ganz gewiß, denn *Schupfnudeln* haben den Vorteil, daß man sie vorproduzieren kann und sie dann, wenn die Gänsebrust fast fertig ist, nur noch in ein wenig Butter heiß werden und »anbrutzeln« lassen muß. Wodurch der gewaltige Streß entfällt, Ihre Küchenaufmerksamkeit zwischen Erdäpfelteigmachen und Gänsebrustbetreuung aufzuteilen.

Nehmen wir also einmal an, die Gans soll Samstag am Abend Ihren oder Ihres Gastes nostalgischen Traum erfüllen!

Dann kochen Sie Samstag am Vormittag Erdäpfel. Die müssen absolut von der mehligen Sorte sein! Am Erdäpfelteig, der mißrät, ist zu 99% die falsche Erdäpfelsorte schuld und nicht der unkundige Koch.

Sie schälen die Erdäpfel, schneiden sie, falls sie sehr groß sind, in die Hälfte (unter »sehr groß« verstehe ich Kaliber von der Größe einer Damenfaust), bis exakt 50 dag davon auf der Waage liegen, und kochen sie weich, was etwa 20 Minuten dauert. Das Weichkochen kann in viel Wasser geschehen, besser aber noch über wenig Wasser in einem »Einsatz«. Da gibt es diverse Modelle. Aus Drahtgitter oder aus gelochtem Blech. Der Vorteil dieser »Einsätze« ist, daß die Erdäpfel im Dampf weich werden und weniger Wasser aufnehmen. Und je trockener die gekochten Erdäpfel sind, umso leichter gelingt daraus ein schöner Teig.

Sind die Erdäpfel aus dem »Einsatz« weich, werden sie herausgenommen und auf die Arbeitsfläche gelegt.

Sind die Erdäpfel, die im Wasser gekocht haben, weich, wird das Wasser abgeschüttet, und die wasserlosen Erdäpfel werden noch einmal zum »Ausdampfen« auf die warme Herdplatte gestellt, damit sie noch ein bißchen trockener werden. Und dann erst kommen sie auf die Arbeitsfläche.

Jetzt werden sie durch die Kartoffelpresse gedrückt.

Auf den Haufen lockerer »Erdäpfelwürmer« kommen: 8 dag Grieß, 10 dag griffiges Mehl, ein halbes Kaffeelöfferl Salz, 3 dag Butter (auf mehrere Bröckerln zerteilt) und ein Eidotter.

Und jetzt vermischen Sie alles mit den Händen. Zuerst werden Sie einen ziemlich unansehnlichen Matsch haben, der an Ihren Fingern klebt. Wenn Sie aber unverdrossen weiterkneten, muß aus den Zutaten einfach ein glatter, weicher, geschmeidiger Teig werden, der nicht mehr an den Händen klebt, sondern sich – ganz nach Ihrem Belieben – formen läßt.

Tut er das nicht und bleibt ekelhaft klebrig und unformbar, spendieren Sie ihm noch eine Handvoll Mehl. Wenn Sie ihm die – emsig knetend – untergejubelt haben, müßte der Teig wirklich »hinhauen«.

Nun formen Sie aus dem Erdäpfelteig lange, daumendicke Würste. Die schneiden Sie in daumenlange Stücke. Und aus diesen Stücken »wuzeln« Sie Nudeln.

Näher zu beschreiben, wie man »wuzelt«, ist sprachlich etwas kompliziert. Und es gibt ja auch keine »Wuzel-Vorschrift«. Wie immer Sie es hinkriegen, daß die Dinger in der Mitte daumendick bleiben und zu den Enden hin spitz zulaufen, soll es uns recht sein!

Und die – so oder so – zurechtgerollten Nudeln legen Sie in viel gesalzenes, kochendes Wasser.

Zuerst gehen die Nudeln auf Grund. Aber nach ein paar Minuten – das hängt davon ab, wie dick für Sie ein Daumen ist – tauchen die Nudeln auf und schwimmen oben.

Nun holen Sie die schwimmenden Nudeln mit einem breiten Schaumlöffel (so ein flacher Schöpfer mit Löchern) aus dem Wasser. Breit muß der Schöpfer deswegen sein, damit die zarten Nudeln nicht zu viel durchgebogen werden und abbrechen.

Jeden mit Nudeln beladenen Schöpfer halten Sie kurz unter fließendes Wasser. »Abschrecken« heißt das. Es verhindert, daß die Nudeln aneinander kleben.

Dann legen Sie die Nudeln – schön nebeneinander – auf einen Teller, decken ein Stück Frischhaltefolie drüber und stellen den Teller ins Kühle.

Und erst am Abend, wenn die Gänsebrust im Rohr ist und gerade »Brust nach oben« gewendet wurde, tun Sie ein paar kleine Kleckse Butter in eine flache Pfanne, legen die Nudeln drauf, verteilen noch ein paar kleine

Kleckse Butter über den Nudeln und schieben die Nudelpfanne ins Rohr, eine Etage unter die Gänsebrust. Und dann öffnen Sie alle paar Minuten die Rohrtür und rütteln – mit topflappengeschützter Hand – ein bißchen am Pfannenhenkel, damit die Nudeln nicht am Pfannenboden ankleben. Und wenn Sie nach mehrmaligem Rütteln sehen, daß die Nudelunterseite bereits leicht gebräunt ist, ziehen Sie die Pfanne heraus und drehen die Nudeln um. Sollte auch die andere Nudelseite bräunen, bevor die Gänsebrust gar ist, holen Sie die Nudelpfanne aus dem Rohr, stellen sie auf den Herd und decken sie mit Alufolie ab. So bleiben die Nudeln warm, bis die Gans servierbereit ist.

Entschuldigung! Ich will Sie ja wirklich nicht ungebührlich belästigen, aber wir sollten noch ein bisserl Rotkraut zur Gans und den Nudeln haben!

Rotkraut zu kochen wäre keine Hexerei. Man hätte ein Happerl Rotkraut exakt so zu traktieren, wie in Lektion 1 bei den Krautfleckerln beschrieben. Nur daß man es nicht auf Quadraterln, sondern auf dünne Streifen schneiden müßte. Und nachdem man es in die Pfanne zum gerösteten, gezuckerten Zwiebel getan hätte, würde man es – weit weniger geizig – mit Rotwein aufgießen und weichdünsten. Und dünne Apfelspalten, die sich während des Dünstens zerkochen, könnte man auch noch dazutun. Oder ein bißchen Orangensaft. Oder Zitronensaft.

Aber ich sehe es ja ein: Gänsebrust und Nudeln und Kraut, das ist zuviel für einen ungeschulten Küchenmuffel! Da würde sein Nervenkostüm in allen Nähten krachen!

Holen Sie sich also ruhig eine Packung Tiefkühl-Rotkraut heim. Das schmeckt wirklich recht ordentlich und taut ohne Einsatz Ihrer werten Arbeitskraft auf. Und wenn Sie dem Kraut noch Ihre ganz persönliche Note geben wollen, garnieren Sie es halt mit ein paar dünnen Orangenscheiben vor dem Servieren. Oder holen Sie sich vom Maronibrater an der Ecke ein Stanitzl Maroni, schälen die Dinger, halbieren sie und mischen sie ins Rotkraut, bevor es aufgewärmt wird.

Und jetzt steht ja wohl dem Genusse des nostalgischen Mahls nichts mehr im Wege!

Und falls sich beim Verzehr doch nicht so hundertprozentig die erinnerte Glückseligkeit einstellen sollte, glauben Sie ja nicht, das läge an Ihrer unzureichenden Kochkunst! Das liegt nur daran, daß der Mensch seine Erinnerungen zu »verklären« pflegt.

Und wenn Sie das bezweifeln, dann gehen Sie doch in ein Zuckerlgeschäft und kaufen Sie sich zehn Deka »Babyspeck«. Oder drei Gummischlangen! Oder was immer in Kindertagen für Sie das Super-Sweety gewesen ist. Und mampfen Sie das Zeug! Dann werden Sie einsehen, daß Geschmacks-Erinnerung und tatsächlicher Geschmack nicht sehr viel miteinander zu tun haben!

Zutaten für die gebratene Gänsebrust:

1 Gänsebrust am Knochen
3 mittlere Zwiebeln
1 Eßlöffel Majoran
Salz und
eventuell 1 Stamperl Weinbrand

und für die Schupfnudeln:

60 dag Erdäpfel in der Schale
8 dag Grieß
10 dag griffiges Mehl
1 Dotter
3 dag Butter und
2 Eßlöffel Butter zum Braten

Und ein Paket tiefgekühltes, fertiges Rotkraut, eventuell Orangenscheiben oder heiße Maroni.

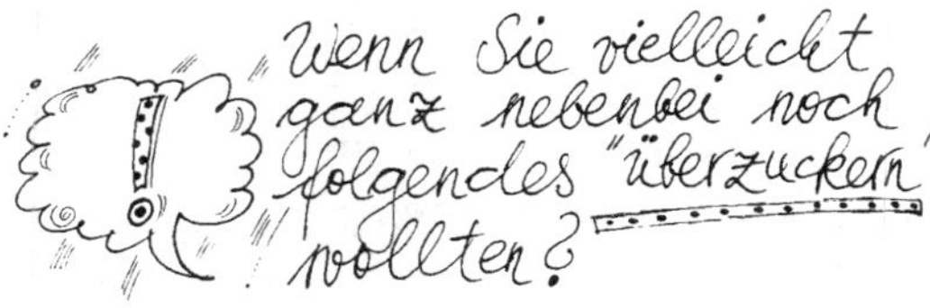

Erdäpfelteig muß nicht unbedingt aus frischgekochten, heißen Erdäpfeln gemacht werden. Es geht auch mit kalten, am Tag vorher gekochten. Und viele Leute behaupten, daß er dann noch viel leichter gelingt.

Für die »kalte« Variante kochen Sie Erdäpfel in der Schale. Am nächsten Tag schälen Sie die Dinger, wiegen 40 dag davon ab und pressen sie durch die Erdäpfelpresse oder reiben sie auf der feinen »Laterndl«-seite. Auf die »Erdäpfelwürmer« tun Sie etwas Salz, nur ein Hauch Muskat, drei Eßlöffel Grieß, drei Eßlöffel Mehl (die Löffel etwas gehäuft) und ein Ei. Und dann kneten Sie alles zu einem glatten Teig, aus dem Sie die Schupfnudeln – oder auch kleine Knödeln – formen.

Vielleicht probieren Sie beide Teigarten aus und entscheiden sich dann selber, welche Ihnen mehr liegt!

Und falls Sie jetzt ablehnend murmeln: »Zum Probekochen habe ich wirklich keine Zeit und auch keine Lust«, dann sei Ihnen gesagt: »Das Ergebnis des Probekochens läßt sich ja essen!«

Wenn Sie die geprobten Schupfnudeln recht klein gehalten haben und sie hinterher nicht in Butter anbraten, sondern sie in gerösteten Bröseln wälzen und zukkern, dann haben Sie die original-österreichisch- böhmischen *Bröselnudeln* ! Und wenn Sie statt der Brösel geriebenen Mohn nehmen (den Sie aber nicht rösten, sondern zuckern), dann haben Sie die ebenso originalen *Mohnnudeln* ! Mit Apfelkompott oder Zwetschkenröster ist das eine wie das andere eine allersuperbste Arme-Leut-Delikatesse!

Lektion 14

Schmalhans als Küchenmeister

Es gibt Leute, die sagen treuherzig, daß sie ja für einen lieben Besuch hin und wieder gern was kochen würden, aber das ginge leider halt nicht, weil sie gar keine richtige Küche haben! Nicht einmal einen richtigen Kochlöffel! Auch keinen Herd mit Backrohr! Bloß eine Kochplatte, auf die sich ein einziges Reindl stellen läßt!

Na und? Falls zum einzigen Reindl, das diese Leute haben, auch ein passender Deckel vorhanden sein sollte, ist ihre Kochverweigerung schiere Ausrede. In einem Reindl mit Deckel läßt sich auf einer Kochplatte allerhand herzaubern. Sogar ohne Kochlöffel!

Ein Messer ist natürlich auch noch nötig. Aber Menschen, die kein Messer besitzen, gibt es ja wohl eher selten.

Nehmen wir einmal an, das einzige Reindl ist ein recht kleines, weil der »Schmalhans« darin nur seine zwei kernweichen Eier zu kochen pflegt. Es hat also einen Durchmesser von ungefähr 16-20 cm! Das reicht, um für zwei Leute ein Festmahl zu kochen, völlig aus!

Allerdings darf es bei den Zutaten, die einzukaufen sind, nun nicht »schmalhansig« zugehen! Wir brauchen teuren Rindslungenbraten! Weil bei dem einfach nichts wirklich schiefgehen kann. Der läßt sich alles gefallen und protestiert nicht dagegen, sondern bleibt weich und zart! Und je einen kleinen Bund Basilikum und Oregano (frisch, nicht getrocknet), die auch nicht gerade billig sind, brauchen wir ebenfalls! Weil wir «Schmalhans-Topf-Napoli» erzeugen werden, und italienisches Flair herzustellen gelingt mit Basilikum und Oregano am leichtesten.

Aber abgesehen von diesen teuren Zutaten geht's billig zu; falls Sie sowieso eine Flasche trockenen Sherry daheim haben.

Sie stellen also bereit:

2 schöne, mittelgroße Beefsteaks
50 dag reife fleischige Paradeiser
25 dag Zwiebeln (am besten Schalotten, wenn's die gibt)
je 1 kleines Büscherl
Basilikum und Oregano
Salz, Pfeffer
2 Eßlöffel vom trockenen Sherry und
2 Eßlöffel Öl (wenn's geht, Olivenöl)

Zuerst nehmen Sie sich der Paradeiser an und entfernen denen den harten Propfen beim Stengelansatz, indem Sie mit Ihrem spitzen Messer einstechen und einen Keil rausschneiden. Dann tun Sie in Ihr einziges Reindl Wasser und bringen es auf Ihrer einzigen Kochplatte zum Sieden. Etwas höher, als die Paradeiser dick sind, sollte das Wasser im Reindl stehen.

Siedet das Wasser, legen Sie die Paradeiser hinein, zählen von eins bis einundzwanzig und holen die Paradeiser wieder heraus. Und halten sie ganz kurz unter kaltes Wasser.

Nun können Sie den Paradeisern ganz leicht die Haut abziehen. Haben Sie das getan, schneiden Sie die Paradeiser in die Hälfte. Und zwar quer durch. Und dann drücken Sie den Paradeiserhälften die Kerne heraus.

Jetzt schälen Sie die Schalotten. Haben Sie keine Schalotten bekommen, sondern nur kleine, ganz normale Zwieberln, so schälen Sie die und halbieren sie. Der Länge nach. Also vom Zipfel zum Bart.

Vom Basilikum und vom Oregano zupfen Sie Blatterln ab. Basilikum können Sie üppig nehmen, soviel Sie halt vom Büscherl runterkriegen. Den Oregano würde ich sparsamer halten. So ungefähr in der Menge eines Viertels vom Basilikum.

Und nun zerzupfen Sie jedes Blatterl ein bißchen. Das ist besser, als sie ganz klein zu schneiden, weil sie so mehr Kräuteraroma behalten.

Dann salzen und pfeffern Sie die zwei Fleischscheiben.

Das Wasser, in dem Sie die Paradeiser »blanchiert« haben, schütten Sie aus dem Reindl und tun statt dessen den Sherry und das Öl hinein. Auf diesen Sherry-

Öl-Teppich legen Sie die zwei Steaks. Den Platz, der neben dem Fleisch noch frei ist, füllen Sie mit den Schalotten oder den Zwiebelhälften aus.

Drüber kommen die Kräuter. Zum Schluß setzen Sie die halben Paradeiser – Wölbung nach oben – auf das Ganze und streuen etwas Salz und Pfeffer drüber.

Dann tun Sie den Deckel auf das Reindl und stellen es auf die Kochplatte. Auf kleinstmögliche Hitze.

Gute zwei Stunden muß der »Schmalhans-Topf Napoli« jetzt vor sich hin schmurgeln. Macht aber auch nichts, wenn er es drei Stunden tut.

Und als Beilage bieten Sie Ihrem werten Besuch resches Stangenbrot an!

P.S.

Ersetzen Sie vielleicht den Deckel in den letzten fünfzehn Schmorminuten durch einen Teller. So bekommen Sie einen heißen Teller, auf den Sie nachher die Fleischscheiben legen können, damit sie nicht so schnell auskühlen. Was wichtig sein könnte, falls die Sauce im Reindl etwas dünn geblieben ist. Dann müßten Sie nämlich die Kochplatte auf größte Hitze stellen und die Sauce ein bißchen »einkochen« lassen. Und während dieser Prozedur hätte es das Fleisch auf dem heißen Teller recht bequem.

Lektion 15

Vom Suppensatten Herrn

Ich kenne einen Herrn, ansonsten eher von grämiger Gemütsart, der geht manchmal mit einem ganz glücklichen Gesicht durch die Gegend. Und fragt man ihn dann, welchem Umstand er denn diese ansprechende Miene zu verdanken habe, dann antwortet er selig lächelnd: »Ach, ich bin gerade so schön suppensatt!«

»Suppensatt« ist halt ein wahrlich himmlisches Gefühl. Freilich keines für sommerliche Hitzeperioden. Obig zitierter Herr ist ja auch nur in der kalten Jahreszeit »suppensatt« unterwegs.

Das suppige Glücksgefühl entsteht dadurch, daß ein wohliger Wärmestrom vom Magen aus den ganzen Körper durchflutet und ihn gegen Kälte, Regen und Nebel imprägniert, für Glatteis fit macht und allfällige Depressionen der lichtknappen Tage verscheucht.

Außerdem zieht Ihnen Suppensattheit nicht ungehörig viele Scheinchen aus der Brieftasche; falls Sie nicht gerade drauf bestehen, die Erdäpfelsuppe mit Trüffelöl zu verfeinern (obwohl sie sich da zur wahren Götterspeise emanzipieren würde) oder der Bohnensuppe eine Einlage aus Prager-Spezial-Beinschinken zu verpassen (obwohl der den Bohnen ebenfalls ein liebliches Luxusflair verleihen täte).

Nehmen wir uns zuerst einmal die dicke *Bohnensuppe* vor!

Für 4 ordentliche Esser brauchen Sie da:

25 dag getrocknete Bohnen
(von der kleinen Sorte)
75 dag geselchte Ripperln
(kann auch mehr oder weniger sein)
5 große Knoblauchzehen
(falls Sie kein Knofelfan sind, reichen 5 kleine)
3 oder 4 Stangen Porree (kommt auf
deren Dicke an)
ein Bund frisches Bohnenkraut
oder aus dem Packerl
2 Eßlöffel Olivenöl
1 Kaffeelöffel Weinessig, Salz und Pfeffer

Mühe macht die Bohnensuppe kaum. Etwas Zeit beansprucht sie allerdings.

Zuerst einmal kommen die Bohnen in 2 1/2 Liter Wasser und müssen darin weichen. Am besten über Nacht, aber wenigstens so ihre 10 Stunden lang.

Haben sie das getan, beginnt die richtige Kocherei: Sie nehmen einen sehr großen Topf. Wenigstens drei Liter sollte der fassen. In den legen Sie die Ripperln, darauf schütten Sie die Bohnen samt dem Einweichwasser. Und bringen alles schön langsam zum Kochen. Langsam deshalb, weil Bohnen gern schäumen, und dies umso mehr tun, je heftiger sie wallen.

Bleiben Sie beim Herd stehen und warten Sie, bis der erste Schaum hochkocht. Den schöpfen Sie ab! Und tun Sie ja nur keinen Deckel auf den Topf! Zugedeckte Bohnen schäumen wie die Blöden!

Wahrscheinlich werden Sie noch ein paarmal, so alle zwei, drei Minuten, etwas Schaum wegschöpfen müssen.

Doch schließlich wird den Bohnen ihre Schaumkraft ausgehen, und sie werden schön brav – auf kleinster Hitze – vor sich hin köcheln.

Nach einer und einer halben Stunde sollten sie weich sein.

Nun schälen Sie den Knoblauch, schneiden ihn in dünne Scheiberln und tun die zu den Bohnen.

Dann holen Sie die Ripperln aus dem Topf, ziehen ihnen die Knochen heraus und zerteilen sie in mundgerechte Happen. Ob Sie denen Fett und Hautiges dranlassen, ist Ihre Sache. Ich täte es nicht, weil ich zu denen gehöre, die hierorts »Zezn« genannt werden.

Jetzt tun Sie Salz zu den Bohnen. Wieviel, kommt drauf an, ob das Ripperl ein mildes oder ein weniger mildes gewesen ist. Da hilft nur: Salzen und kosten, salzen und kosten . . . bis die Zunge »stop« meldet.

Jetzt schneiden Sie den Porreestangen die Bärte samt den harten Endstücken ab, und die grünen Spitzen auch. Unter »grüne Spitzen« verstehe ich alles, was keine geschlossenen Ringe bildet. Was Ihnen übrig bleibt, säbeln Sie auf etwa 2 mm breite Scheiberln. Und die Bohnenkrautblatterln zupfen Sie von den Stengeln.

Haben Sie das geschafft, holen Sie zwei Schöpfer Bohnen mit etwas Saft aus dem Topf, tun sie in einen Mixbecher und pürieren sie mit dem Stabmixer. Haben Sie keinen, tun Sie die Bohnen auf einen Teller und zermatschkern sie mit einer Gabel.

Dann tun Sie die Porreescheiberln und die Bohnenkrautblatterln in den Topf, geben wieder soviel sanfte Hitze, daß die Sache ans Wallen kommt, und belassen diesen Brodelzustand für zehn Minuten.

Dann kommt der Bohnenbrei dazu. Und die Fleischbröckerln! Sie lassen alles noch zwei, drei Minuten weiterköcheln, wobei Sie sanft umrühren. Sanft deshalb, damit die sehr weichen Bohnen nicht zerfallen.

Schließlich wird noch das Olivenöl, der Essig und etwas Pfeffer eingerührt.

Und nun ist das »satte Supperl« auch schon fertig!

P.S.
Fleischtiger können natürlich auch noch Würstel in die Suppe reinschneiden, falls das geselchte Ripperl ihren Bedarf an tierischem Eiweiß nicht ganz befriedigen sollte.

Übrigens: Wenn Sie kein frisches Bohnenkraut bekommen, sondern getrocknetes nehmen müssen, reicht ein gestrichener Eßlöffel voll. Und weil Ihnen dann ja der köstliche Geschmack des frischen Krautes entgeht, ersetzen Sie ihn durch andere »Frische«. Gut zu Bohnen paßt Petersilie (die paßt zu fast allem) und kleingeschnittenes Grün von Knollen- oder Staudensellerie!

Und jetzt: *Erdäpfelsuppe* gibt es in hundert Varianten, so wie von jeder Arme-Leut-Speise, der wackere Hausfrauen individuelle Gaumenfreuden abzutrotzen versuchten.

Die einfachste Variante kochte meine Oma. Weil sie selber nie davon aß und daher an ihr nicht sehr interessiert war. Und mein Opa bekam sie auch nur, wenn dicke Luft im trauten Zimmer-Kuchl-Heim war.

»Bramburi-Suppn« war meiner Oma passiver Ehestreik. Mir schmeckte sie trotzdem!

»Hier das Kurzrezept:

Ein paar Erdäpfel werden geschält, grob zerteilt und in einem Liter Salzwasser weichgekocht.

In einem Reindl wird ein Klacks Schmalz zerlassen, ein Eßlöffel Mehl drauf gestreut und so lange im schmalzigen Mehl gerührt, bis es sich hellbraun färbt. Dann werden die Erdäpfel samt dem Kochwasser draufgeschüttet, was unter emsigem Rühren geschehen muß, damit keine »Einbrennbröckerln« entstehen.

Nun kommen 2 Prisen Majoran dazu (1 Prise ist, was man bequem zwischen Daumen und Zeigefinger halten kann), ein Lorbeerblatterl und etwas Pfeffer. Wenn diese Suppe ein paar Minuten »gezogen« hat, also knapp am Kochen ist, kann sie in die Teller kommen.

Das Erdäpfelsuppenrezept meiner Mutter unterschied sich von dem der Oma dadurch, daß die Erdäpfel in Würfelsuppe weichgekocht wurden, statt dem Schmalz fetter Speck zerlassen wurde und in die fertige Suppe noch eine Handvoll Petersilie kam.

Mein Rezept ist üppiger, dafür aber weniger kompliziert, weil es keine Einbrenn braucht, die Bröckerl-Gefahr also entfällt. Obwohl man die Bröckerln ja notfalls auch als »Mini-Zweckerln« ausgeben könnte!

Zutaten für 4 Esser:

60 dag Erdäpfel
1 Handerl voll getrocknete Steinpilze
ebensoviel Petersil und
Blätter einer Knollensellerie
walnußgroß Butter mit Mehl
etwas Majoran
1/16 l Obers
2 Suppenwürfel
Salz, Pfeffer und
falls Sie nicht kleinlich sind: 2 Eßlöffel Trüffelöl!

Viel Arbeit macht auch diese Erdäpfelsuppe nicht!

Sie schälen die Erdäpfel und schneiden sie auf Würferln, so 2 mal 2 mal 2 cm.

Sie legen die getrockneten Pilze ins warme Wasser zum Quellen.

Sie hacken die Petersil- und die Sellerieblätter recht klein.

Sie bringen im Suppentopf gut einen Liter Wasser zum Sieden und lösen darin die Suppenwürfel auf.

Sie tun die Erdäpfelwürfel in die Suppe und lassen sie zehn Minuten kochen.

Sie holen die Pilze aus dem Einweichwasser, schneiden sie ein bisserl klein und tun sie auch in den Suppentopf.

Sie kneten aus Butter und Mehl ein Kugerl. Das werfen Sie auch in den Topf. Dort wird es sich langsam auflösen und die Suppe »binden«, ohne Bröckerln zu machen.

Sie tun Majoran und Sellerieblätter in den Topf.

Ungefähr fünf Minuten nachdem das Butter-Mehl-Kugerl in den Topf gekommen ist, streuen Sie ein bisserl Pfeffer hinein, schütten das Obers drauf, tauchen den Stabmixer in die Suppe und schalten ihn für ein-zwei-drei Sekunden ein. Ja nicht zu lange, sonst kriegen Sie Kartoffel-Creme-Suppe! Gerade so lange, daß sich das Obers in der Suppe verteilt und ein paar Erdäpfelwürferln püriert werden, alle anderen aber ihre würfelige Gestalt behalten.

Und nun ist die Sache auch schon fertig, falls Sie ihr nicht noch das edle Trüffelöl unterziehen wollen!

P.S.
Wenn Sie einen Menschen, der teures Trüffelöl kauft, obwohl er kein Millionär ist, für »meschugge« halten, dann bedenken Sie bitte, daß gutes Parfum auch sehr teuer ist. Und manche Leute sind halt eher bereit, ihr Supperl zu parfumieren als ihre Ohrläppchen!

Übrigens: Wie schon in Lektion 2 bei den Trostsuppen erwähnt, ist Suppe niemals nachtragend und nimmt nicht übel! So können Sie, sowohl bei der Bohnen- wie bei der Erdäpfelsuppe, kleingeschnittenes Grünzeug mitkochen. Oder bei der Erdäpfelsuppe statt Obers sauren Rahm nehmen. Und statt der getrockneten Pilze natürlich frische Champignons. Oder Eierschwammerln. Oder frische Steinpilze. Und daß die dann nicht im warmen Wasser zu quellen haben, ist ja wohl klar!

Lektion 16.
Schief gewickelt

Spaghetti mit der gewissen rotbraunen Fleisch-Wurzel-Sauce, auch »Sauce bolognese« genannt, sind ein seufzendes Zugeständnis des Original-Italieners an den gewinnbringenden Tourismus.

Nie im Leben käme ein italienischer Feinspitz auf die Idee, eine von den sechsunddreißig Teigwarensorten, die er tagtäglich ißt, mit solchem Überzug zu versehen!

Fleisch hat für ihn beim Teigwarengang nichts verloren. Das will er erst auf dem nächsten Teller sehen. Und dort tunlichst ohne dicke Sauce!

Das ist natürlich noch lange kein Grund, den »Spaghetti bolognese« zu entsagen, wenn sie einem wohl munden oder wenn man Nachwuchs hat, der auf seinen »Sugo-Nudeln« hartnäckig besteht.

Aber der Küchenmuffel sei darauf hingewiesen, daß es ja zudem eine ziemlich mühselige und langwierige Sache ist, diese »Sauce bolognese« ordentlich hinzukriegen. Mindestens drei Stunden haben sich die faschierten Krümel in der brodelnden Paradeissoße (Sauce wird in Wien zur Soße!!!) auszulaugen, bis sie diese »sämig« gemacht haben und in ihr aufgehen.

Dafür gibt es aber unzählige andere Nudelüberzüge,

die kaum Mühe machen und Italo-Flair in Ihre Küche zaubern!

Spaghetti mit Käsesauce zum Beispiel!

Für Spaghetti mit Käsesauce brauchen Sie (gerechnet für 3 bis 4 Esser):

1/4 l Schlagobers
25 dag Gorgonzola
5 dag Parmesan
Salz, Pfeffer und
1 Eßlöffel Weinbrand

Sie schütten das Obers in ein Reinderl und lassen es auf kleiner Hitze etwa zehn Minuten vor sich hin köcheln. Einkochen nennt man das.

Dabei rühren Sie gelegentlich um, und zwischen dem Umrühren schneiden Sie den Gorgonzola auf kleine Eckerln. Ein paar davon lassen Sie ganz, alle anderen zerdrücken Sie mit einer Gabel.

Und den Parmesan reiben Sie grob.

Dann kommt der zerdrückte Gorgonzola ins Obers und die Hälfte vom Parmesan auch.

Und ein bisserl Salz und Pfeffer.

Und dann rühren Sie so lange im Reinderl herum, bis sich der ganze Käse aufgelöst hat.

Und fertig ist die Hexerei!

Nun werden nur noch die gekochten, abgetropften Nudeln mit der Käsesauce vermischt. Und obendrauf verteilt man dann die paar Gorgonzola-Würferln und den restlichen Parmesan!

P.S.
Die Schüssel, in welcher Sie die Nudeln mit der Sauce vermischen, sollten Sie vorher anwärmen, damit alles bis zum Servieren warm bleibt!

Eine der besten Spaghetti-Saucen ist *Pesto.* Dazu braucht man aber frisches Basilikum, welches nur im Sommer billig zu haben ist und auch nur im Sommer seinen prächtigen Geschmack wirklich voll entwickelt.

Für 4 Personen brauchen Sie:

1 dicken Bund Basilikum
3 Knoblauchzehen
1 Eßlöffel Pinienkerne
je 2 gehäufte Eßlöffel Parmesan
und Pecorino
(auf klitzekleine Bröckerln zerbröselt)
und 1/16 l feines Olivenöl

Aber es kommt wirklich nicht so drauf an, ob Sie von diesen Zutaten tatsächlich die hier angeführten Mengen nehmen. Hauptsache, von jedem etwas. Mehr Knoblauch und weniger Basilikum geht auch, ebenso mehr Pinienkerne und weniger Knoblauch. Und wenn Sie keinen Pecorino bekommen, dann nehmen Sie halt mehr vom Parmesan! Und wenn Sie keine Pinienkerne kriegen, nehmen Sie Walnußkerne! (Aber dazu würde ich nur im Notfall raten.)

Und aus diesen Zutaten wird nun eine Sauce gemacht!

Italienische Uromas taten dies in einem Mörser. Mit einem Stößl werkten sie stampfend und rührend darin herum, bis aus Pinienkernen, Knoblauch, Basilikum, Käse, Salz, Pfeffer und Öl eine glatte, geschmeidige Paste geworden war. Und die verdünnten sie dann mit ein paar Löffeln vom heißen Nudelkochwasser.

Italienische Urenkelinnen mischen den »Pesto« elektrisch. Das geht in einem Mixer oder einem Blitzhacker. Aber dabei kann es leicht passieren, daß man eine etwas uneinheitliche Paste bekommt, matschig an den Wänden des Behälters, bröcklig in dessen Mitte.

Ich mache es so:

Ich zerkleinere die Pinien im Blitzhacker, kriege das Basilikum mit dem Wiegemesser klein, drücke den Knoblauch durch die Presse, reibe den Käse auf dem »Laterndl«, tue dann alles in ein Schüsselchen und rühre das Öl – per Hand – unter. Das dauert insgesamt auch nur ein paar Minuten.

Einen Nachteil hat dieses Verfahren aber schon: Man hat hinterher ein »Laterndl«, eine Knoblauchpresse, einen Blitzhacker und ein Wiegemesser abzuwaschen.

Die einfachste Art, Teigwaren »all' italiana« zu kochen, sind aber ganz gewiß:

Spaghetti aglio, olio e peperoncino!

Da wird Knoblauch – jede Menge oder weniger – geschält und gepreßt, und Petersilie wird fein gehackt.

Dann macht man Olivenöl – auch soviel wie gewünscht – in einer Pfanne heiß, tut den gepreßten Knoblauch dazu und ein paar von den winzig kleinen, höllisch scharfen roten Pfefferoni. Dann läßt man das im Öl eine Weile brutzeln. So sanft, daß der Knoblauch nicht braun wird.

Und dann holt man die Pfefferoni aus dem Öl und wirft sie weg, denn die haben nun ihre Schuldigkeit getan, indem sie rabiate Schärfe an das Öl abgegeben haben.

Und jetzt kommen die gekochten, abgetropften Spaghetti ins Öl und werden untergemischt. Und dann

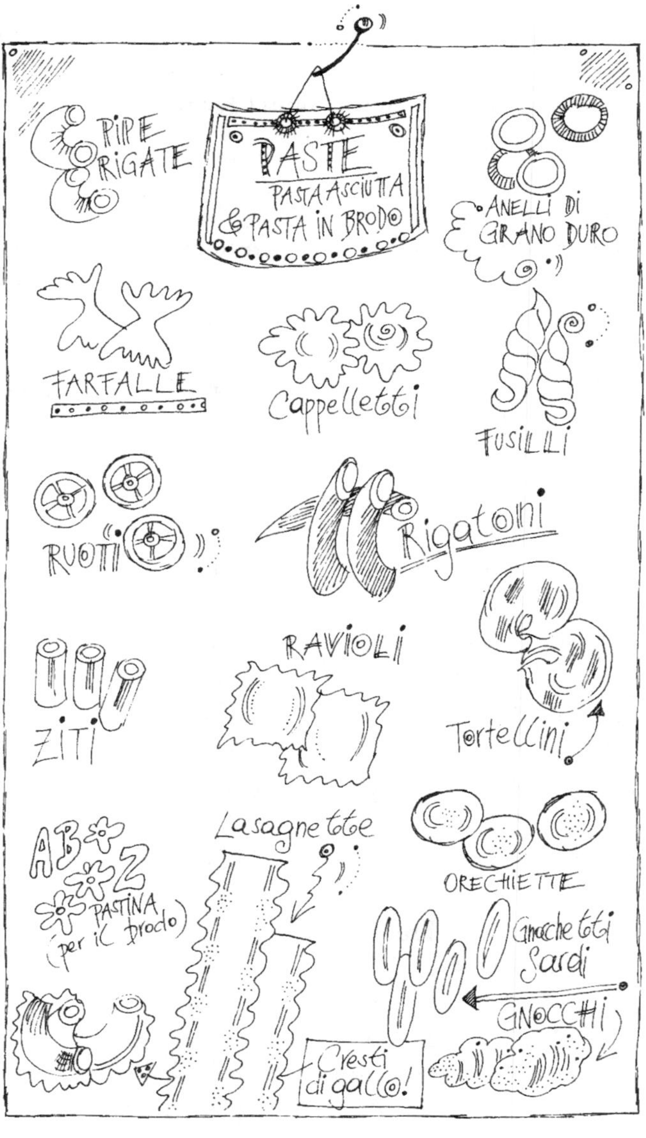
PASTE
PASTA ASCIUTTA
& PASTA IN BRODO
PIPE RIGATE
ANELLI DI GRANO DURO
FARFALLE
Cappelletti
FUSILLI
RUOTI
Rigatoni
RAVIOLI
ZITI
Tortellini
ORECHIETTE
Lasagnette
PASTINA (per il brodo)
Gnocchetti Sardi
GNOCCHI
Cresti di gallo!

zieht man die Pfanne vom Herd, streut den Petersil auf die Nudeln und vermischt noch einmal.

Und bei Tisch streut sich jeder geriebenen Parmesan über seine Nudelportion.

P.S.
Damit dieses »schlichte« Gericht wirklich gut schmeckt, muß aber der Parmesan unbedingt im Stück gekauft und selber gerieben werden.

Abgepackter, bereits vor Monaten in der Fabrik geriebener Parmesan ist sowieso immer eine Zumutung für den gehobenen Gaumen. Aber in diesem Nudelfalle wäre er ein Verbrechen, der alleritalienischsten unter den »Pastas« den Tod bringend!

Und *Spaghetti carbonara*, also »nach Köhlerart«, brauchen auch weder viel Zeit noch kostbare Zutaten. Die heißen übrigens angeblich so, weil sie nicht mit Olivenöl, sondern mit Schweinespeck gemacht werden, und die Holzkohlen-Köhler seinerzeit stets ein Schwein hielten und also im Winter Speckbesitzer waren. Ob's stimmt, weiß ich nicht.

Für 4 Portionen sind – außer den Nudeln – nötig:

3 Schnitten Frühstücksspeck,
jede etwa 4 mm dick
2 Zehen Knoblauch
3 Eier, Salz, Pfeffer
und wenn Sie es üppig haben wollen:
ein paar Löffel Obers und geriebener Parmesan

Und so wird es gemacht:

Während die Nudeln in viel Salzwasser kochen, schneiden Sie den Speck auf Würferln.

Dann verquirlen Sie die Eier in einer Schüssel, damit Sie nachher keine Eiweißschlieren haben. Und das Verquirlte salzen und pfeffern Sie.

Und falls Sie mögen, quirlen Sie auch noch das Obers rein.

Dann zerlassen Sie die Speckwürferln in einer großen Pfanne auf kleiner Hitze. Die zwei geschälten Knoblauchzehen legen Sie zum Speck, und wenn die Speckwürferln anfangen, braun und knusprig zu werden, holen Sie den Knoblauch wieder aus der Pfanne. Er hat den Speck bereits ordentlich »parfumiert«. Und mehr wird von ihm in diesem Fall nicht erwartet.

Sind Ihre Nudeln jetzt schon fertig? Sind sie es nicht, ziehen Sie die Speckpfanne vom Herd und warten, bis die Nudeln fertig sind.

Dann kommen die Nudeln in ein Sieb und werden abgetropft.

Und die Speckpfanne kommt wieder aufs Feuer, und die Nudeln kommen dazu und werden mit dem Speck und dem Fett tüchtig vermischt. Sonst hat hinterher einer allen Speck und einer keinen auf dem Teller!

Sind die speckigen Nudeln wieder schön heiß, wird die Pfanne wieder vom Herd gezogen.

Jetzt kommen die Eier über die Nudeln und werden mit denen hurtig vermischt. Durch die Hitze der Nudeln und des Speckfetts stocken die Eier zu feiner, cremiger Konsistenz.

Würden Sie die verquirlten Eier unterrühren, solange die Nudeln noch auf dem Feuer sind, bekämen Sie derbe Eierspeis-Nudeln; die zwar auch eßbar wären, aber den Gaumen eines Menschen, der gern »italienisch« ißt, gröblichst beleidigen. Und der geriebene Parmesan wird wieder bei Tisch verteilt!

Und für den, der meint, Spaghetti hätten unbedingt rot zu sein, zum Lektions-Abschluß noch:

Spaghetti napoletana, wozu man für 4 Portionen braucht:

1 großes Happerl Zwiebel
1 kleine Dose geschälte Paradeiser
5 Eßlöffel Olivenöl
1 Bund Basilikum
1 kleinen scharfen Pfefferoni
(frisch oder getrocknet)
2 Eßlöffel Butter
1 Bund Petersilie, Salz und
viel geriebenen Parmesan

Und wieder ist alles problemlos einfach:

Sie schneiden den geschälten Zwiebel auf hauchdünne Scheiben. Also: halbieren und »quer« arbeiten.

Sie schütten den Inhalt der Paradeiserdose auf einen Teller, entfernen den Paradeisern – falls drangelassen – die harten Stengelansätze und zerdrücken die ganzen Früchte mit einer Gabel.

Sie hacken das Basilikum grob und den Petersil fein.

Zum Hackeln nimmt man üblicherweise ein Wiegemesser, mit einem dicken, scharfen Messer geht das aber genausogut.

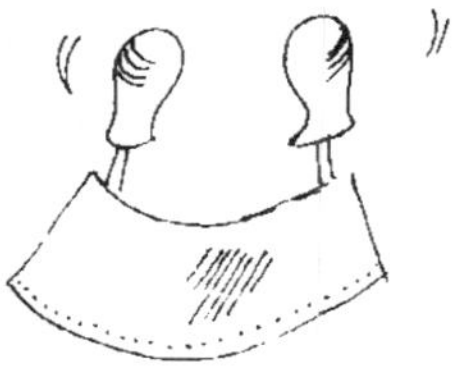

Sie lassen das Öl in einer Pfanne heiß werden, braten darin die Zwiebelscheiben ein bißchen an, geben die zermatschkerten Paradeiser samt dem Paradeissaft und die Kräuter dazu, etwas Salz und den Pfefferoni.

Zugedeckt, bei milder Hitze, muß die Sache nun so ein halbes Stündchen vor sich hin schmurgeln, um schön sämig zu werden.

Gelegentliches Umrühren könnte dabei nicht schaden. Nach dem halben Stündchen holen Sie den Pfefferoni heraus und tun ihn weg!

Auf vier heißen Tellern verteilen Sie die Nudeln, und darüber die Paradeissoße und den geriebenen Käse.

P.S.
Manche Köche tun eine tüchtige Prise Zucker zu den köchelnden Paradeisern, manche auch ein paar Löfferln Obers. Dagegen ist genauso wenig einzuwenden, wie dagegen, ein paar Schinkenstreifen oder Mortadella-Würferln in der letzten »Köchelminute« zuzufügen.

Und wenn Sie finden, daß ein paar blättrig geschnittene Champignons gut in die Soße passen würden, dann kann Ihnen das auch niemand übel nehmen!

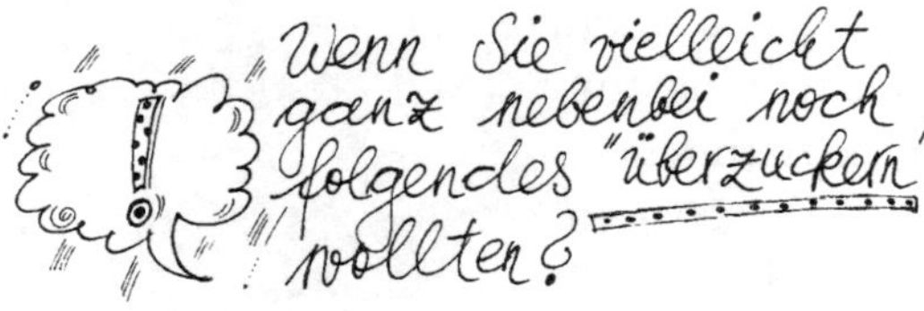

»Sich schnell etwas abbraten« ist ja Küchenmuffels häufigste Tätigkeit am Herde, aber oft verstößt er dabei gegen alle Regeln der Schnell-Braterei!

Er hat etwa nicht die richtige Pfanne! Eine Pfanne zum Schnell-Abbraten muß einen dicken Boden haben. Und wird elektrisch gebraten, muß der ganz plan sein, damit sich die Hitze gleichmäßig verteilen kann. Eine gußeiserne Pfanne wäre ideal, aber eine Stahlpfanne, die leichter zu reinigen ist, tut es auch.

Zum Braten muß der Pfannenboden gerade mit Fett bedeckt sein. Und das Fleisch muß trocken sein! Wenn es feucht schimmert, dann mit einem Stück von der Küchenrolle abtupfen!

Da es zum »Abbraten« hohe Temperatur braucht, muß das Bratfett hohe Temperatur aushalten. Butter und Margarine tun das nicht!

Ohne zu verbrennen, halten hohe Temperaturen aus: Schmalz, Kokosfett und Öl. Auch Butterschmalz und Olivenöl. Aber die sind nicht »neutral« im Geschmack, die prägen das Fleisch in ihrem Sinne.

Ein Gemisch aus Butter und Öl ist auch möglich, wenn man nicht »ganz rasch« brät.

Vor dem Braten kann das Fleisch beliebig gewürzt werden, aber gesalzen wird es immer erst nach dem Braten!

Ob das Fett heiß genug ist, merken Sie, wenn Sie das Fleisch mit einem Zipferl ins Fett tauchen. Da muß es gut hörbar zischen!

Hat es gezischt, kommt das Fleischstück in die Pfanne. Nach einer Minute wird es gewendet und eine Minute auf der anderen Seite gebraten.

Dann wird die Hitze runtergeschaltet und das Fleisch – wieder eine Halbzeit auf der einen, eine Halbzeit auf der anderen Seite – fertiggebraten.

Wie lange das dauern muß, hängt von der Fleischqualität und der Fleischdicke ab, das kommt auch drauf an, ob das Fleisch gerade aus dem Eiskasten gekommen ist oder schon Zimmertemperatur hat.

Da brauchen Sie, im wahren Sinn des Wortes, Fingerspitzengefühl! Tupfen Sie mit einem Finger auf das Fleisch. Keine Angst, Sie verbrennen sich schon nicht!

Gibt das Fleisch unter Ihrem Finger elastisch nach, ist es innen noch roh.

Gibt es nur leicht nach, ist es innen noch »rosa«.

Fühlt es sich fest an, ist es »durch und durch« durch.

Als »Annäherungswerte« könnte man nennen: Ein Beefsteak, 2 cm dick, braucht, um »rosa« zu werden, zuerst je eine »heiße« Minute auf beiden Seiten, dann je drei »mittlere« Minuten, wieder auf beiden Seiten.

Ein Kalbs- oder Schweinskotelett, auch 2 cm dick, braucht insgesamt so an die 10 bis 12 Minuten, von Anfang an bei »mittlerer« Hitze.

Hat Ihr Fleischstück einen Fettrand, so schneiden Sie den mit vielen kleinen Schnitterln ein! Tun Sie es nicht, zieht er sich in der Brathitze zusammen und beengt das

Fleisch derart, daß es sich wölben muß; was nicht sehr vorteilhaft ist.

Und braten Sie »Fleisch am Knochen« (das besser schmeckt), so schneiden Sie das Fleisch mit einem scharfen Messer zu gut dreiviertel vom Knochen. So verhindern Sie, daß das Fleisch in Knochennähe roh und blutig bleibt.

Und wenn Sie nicht nur ein gut gebratenes Fleischerl, sondern auch noch ein »kurzes Safterl« drüber haben wollen, so legen Sie das fertig gebratene Fleisch auf einen heißen Teller und decken es mit Alufolie zu, damit es warm bleibt.

Das Bratfett, das noch in der Pfanne ist, schütten Sie weg. Am Pfannenboden haben Sie nun – mehr oder weniger – braune Kruste. Auf die gießen Sie ein bißchen Wein, Wasser oder Suppe (falls Sie zufällig welche haben sollten). Grad so bodenbedeckt!

Dann lösen Sie, emsig rührend, die »angesetzte« Kruste in der Flüssigkeit auf.

Haben Sie zuviel Wein, Suppe oder Wasser erwischt, lassen Sie den Saft bei großer Hitze einkochen. So lange, bis auf dem Pfannenboden ein dickliches Süppchen blubbert.

Nun ziehen Sie die Pfanne vom Herd und spießen ein eiskaltes Stück Butter (von »haselnußgroß« bis »walnußgroß« ist da alles erlaubt) auf eine Gabel und rühren mit der »Buttergabel« durch den Saft, bis alle Butter aufgelöst und der Saft dabei noch dicklicher geworden ist.

Und jetzt schütten Sie ihn über das Fleisch!

P.S.

Filetstücken, egal von welchem Vieh, schadet zu langes Braten nicht. Aber ein Schweins- oder Kalbskotelett, auch ein Rumpsteak, das zu lange gebraten wurde, kann hart werden wie Schuhsohlenleder. Ist Ihnen so ein Mißgeschick passiert, tun Sie das Fleisch – gelinde fluchend – in die Pfanne retour, gießen etwas Wein oder Suppe dazu (Würfelsuppe ginge auch), tun einen Deckel drauf und dünsten das Fleisch bei milder Hitze wieder weich; was ungefähr eine halbe Stunde dauern wird.

Lektion 17
Ein Knödel muss nicht rund sein

Unter den Knödeln ist der Semmelknödel insofern allen anderen Knödeln überlegen, als er ein wahrer Allzweckknödel ist.

Er paßt zu Schweinsbraten und Rindsschnitzeln, zu Sauerkraut und Linsen, zu Schwammerlsoße und Kalbsbeuschl, wird geschnitten und mit Ei übergossen zum g'röst'n Knödel, und tut man ihm Speck- und Schinkenwürferln in den Teig, ist er ein Tiroler Knödel!

Aber beim Semmelknödelkochen gibt es halt oft Probleme. Vor allem, wenn man »feine« Knödel machen will und auf jegliche Zugabe von Mehl verzichtet.

Diese mehllosen Semmelknödel dürfen nicht richtig kochen, sondern bloß im Salzwasser »ziehen«.

In früheren Zeiten, als man noch auf Holzherden kochte, war diese »Zieherei« nicht weiter schwierig. Da schob man den Knödeltopf einfach an den Rand der Herdplatte, zum Wasserschiff hin, und konnte sicher sein, daß er dort die gewünschte Temperatur, so um die neunzig, zweiundneunzig Grad, haben werde.

Aber wohin zieht der Gasherdbesitzer den Knödeltopf? Auf brennender Flamme kann es den Knödeln zu heiß werden. Auf abgeschalteter Kochstelle zu kalt!

Leicht kann es sein, daß man nach zwanzigminütiger »Ziehzeit« einen Topf voll fettigem Wasser hat, auf dem eine dicke Semmelschicht wabbert! (Dann haben die Knödel doch zu heiß gezogen.)

Oder die Knödel sind zwar ganz geblieben, aber innen noch teigig! (Dann haben sie zu lau gezogen.)

Oder die Knödel sind zwar innen OK, aber außen schleimig-wäßrig schwammig. (Was dann falsch war, weiß ich nicht.)

Doch alle diese Konfliktpunkte sind leicht aus der Welt geschafft, wenn man einen Serviettenknödel macht! Und zwar einen länglichen, der dann auf Scheiben geschnitten wird.

Für so einen *Serviettenknödel* (in der Menge von 8 Knödeln) stellen Sie bereit:

5 Semmeln, altbacken
(»Knödelbrot« von 5 Semmeln ginge auch,
»säuft« aber dann
etwas mehr als 1/8 l Milch)
1/8 l Milch
1 kleine Zwiebel
6 dag Butter
etwas Petersil
3 Eier
Salz, Pfeffer, geriebene Muskatnuß und:
1 großes Herrentaschentuch
und etwas kochfeste 

Und so wird geknödelt:

Die Semmeln schneiden Sie klein. Auf Würferln, Staberln oder dünne Blatterln.

Die Milch machen Sie warm und gießen sie über die geschnittenen Semmeln. Bittschön so, daß alles gleichmäßig benetzt wird.

Zwiebel würfeln Sie kleinst und braten ihn in der Hälfte der Butter glasig an.

Den Petersil hacken Sie feinst und tun ihn zum glasigen Zwiebel.

Die Eier verschlagen Sie in einem Schüsserl mit ein bisserl Salz, Pfeffer und soviel Muskatnuß, wie Ihrer Neigung entspricht.

Dann tun Sie die verquirlten Eier und die abgekühlte Zwiebel-Petersil-Mischung über die aufgeweichten Semmelbröckerln.

Und nun vermengen Sie alles mit den Händen. Nur nicht zimperlich sein. Kneten Sie richtig durch! Bis Ihnen die Masse »einheitlich« vorkommt.

Dann gönnen Sie ihr eine halbe Stunde – oder auch länger – Ruhe.

Und ist die Ruhezeit um, bringen Sie in einem möglichst weiten Topf Salzwasser zum Sieden. (Ein gestrichenes Kaffeelöfferl Salz auf 2 Liter Wasser.)

Sie müssen das Wasser wenigstens zehn Zentimeter hoch im Topf stehen haben!

Jetzt nehmen Sie sich das Herrentaschentuch vor.

Sie legen es auf den Tisch, oder was immer Ihre Arbeitsfläche sein mag, und bestreichen es schön dick mit der restlichen Butter. So, daß 6 bis 7 cm ungebutterter Rand an allen Seiten frei bleibt.

Dann machen Sie Ihre Hände pitschnaß, greifen sich den Knödelteig und formen aus ihm in der Mitte des Taschentuchs eine dicke Wurst.

Kommt nicht so drauf an, wie dick die Wurst ist. Jedenfalls darf sie nicht länger werden, als Ihr Kochtopf breit ist!

Haben Sie die Wurst geformt, wickeln Sie sie, ziemlich fest, in das Taschentuch ein. Und dann binden Sie die Wurst, die Sie nun haben, an beiden Enden mit einem Stück Schnur ab.

Und jetzt kommt die Knödelwurst ins kochende Salzwasser.

Das wird nun kurzfristig zu kochen aufhören, weil die kalte Wurst ja seine Temperatur reduziert.

Wenn das Wasser wieder sprudelt, schalten Sie auf kleinere Hitze. Das Wasser soll gerade so ein bißchen vor sich hin blubbern.

Aber da Sie ja Ihren Lang-Knödel durch das Taschentuch abgesichert haben, kann er nicht zerfallen, und es ist nicht so wichtig, ob Sie exakt die richtige Wassertemperatur hinkriegen.

Nach einer halben Stunde holen Sie die Knödelwurst aus dem Wasser.

Mit einer spitzen Schere – damit das Taschentuch keine Löcher kriegt – schneiden Sie die Schnur weg und rollen den Knödel aus dem Schneuzquadrat. Er müßte so flaumig sein, daß Sie ihn, statt mit einem Messer auch mit einem 40er Zwirnsfaden auf Scheiben teilen könnten.

P.S.

Wenn Sie winzige Speckwürferln und kleine Schinkeneckerln beim Teigzusammenkneten einmischen, so bekommen Sie einen Tiroler Knödelwecken, welcher so trefflich zu Linsen oder Sauerkraut mundet, daß man leicht auf einen begleitenden Fleischbrocken verzichten kann.

Wenn Sie vielleicht ganz nebenbei noch folgendes "überzuckern" wollten?

Es ist gar nicht schwierig, einen Schweinsbraten ordentlich hinzukriegen! Es ist auch gar nicht schwierig, einen warmen Krautsalat gut zu machen! Es ist nicht einmal schwierig, Erdäpfelknödel richtig zu kochen!

Aber es kann für den Ungeübten verdammt schwierig sein, Schweinsbraten, Erdäpfelknödel und Krautsalat gleichzeitig zu erzeugen, alle drei Sachen zu betreuen und ihnen die gebührende Aufmerksamkeit zukommen zu lassen.

Das braucht nämlich ein »timing«, und das läßt sich nur durch Übung erwerben. Vor allem die letzten paar Minuten sind stressig. Die Knödel wollen aus dem Wasser, der Speck für den Krautsalat wird braun, das Angelegte aus der Bratpfanne soll abgekratzt und zu Saft gemacht werden! Und der arme Koch hat ja nur zwei Hände, wovon zudem die eine meistens eher patschert ist.

Da kann man schon ins Schleudern kommen!

Übernehmen Sie sich für den Anfang also nicht. Statt warmen Krautsalat machen Sie eben kalten Fisolensalat. Der läßt sich in friedlicher Ruhe Stunden vorher zubereiten.

Und statt der Erdäpfelknödel, die viel Aufmerksamkeit brauchen, machen Sie den Serviettenknödel, der es kaum übel nimmt, ein paar Minuten über Gebühr zu Wasser zu sein! Dann können Sie sich in ungestreßter Gemütsverfassung dem »Safterl« widmen und es perfekt abschmecken.

Und falls Sie für Ihr »schönes Essen« auch eine Vorspeise oder eine Nachspeise planen, dann natürlich eine, die nicht »frisch gemacht« zu werden hat.

Oder wollen Sie vielleicht – innerlich zitternd – hastig Ihren Knödel und Ihr Bratl verschlingen, in ständiger Sorge darum, wie es denn Ihrem »Auflauf« im Backrohr wohl geht? Und dazu noch alle »Mitesser« durch mehrmaliges Aufspringen und in die Küche Jappeln irritieren? Wo es doch Gäste überhaupt nicht gern haben, zu sehen, welche Arbeit man sich für sie macht!

Lektion 18

KALORIEN-KALIBER KLITZEKLEIN

Freilich gibt es auch Leute, die ein gutes Essen prinzipiell nur mit etwas Käse beschließen, weil der ja angeblich »den Magen schließt«; was immer das heißen mag. Doch die meisten Leute haben doch gern ein kleines, süßes Schmankerl als letztes i-Tupferl einer großen Schlemmerei. Wobei die Betonung auf »klein« liegt.

In durchschnittlichen einheimischen Restaurants wird diesem Gelüste kaum entsprochen, da gibt es, außer dem langweiligen Fruchsalat aus der Dose – mit einer krankhaft knallrosa Kirsche gekrönt –, nur so schwere Kaliber wie Palatschinken, Kaiserschmarrn, Mohr im Hemde, Haustorte und Tiramisu. Wogegen ja noch nichts zu sagen wäre, kämen diese altgedienten Köstlichkeiten nicht in Portionen einher, die als »sättigendes Hauptgericht« reichen täten.

Und man muß schon Stammgast in einem exklusiv liebenswürdigen Lokal sein, wenn einem die Bitte um »eine winzig kleine Powidlpalatschinke« nicht vom Ober mit allen Anzeichen der Entrüstung zurückgewiesen wird.

Ist ja auch verständlich!

Mein Begehr nach einer Mini-Portion Kaiserschmarrn wurde einmal von einem alten Ober mit folgenden Worten kommentiert: »Gnä' Frau, der wird do frisch g'macht! Aus zwa Eier! Soll si da Chef den restlichen Teig vielleicht in die Haar schmiern?«

Na eben!

Und daß der »Chef« nicht zwei-briefmarken-groß Tiramisu verkaufen will, ist auch einzusehen. Was soll er denn dafür verlangen? Den vierten Teil vom Preis, der auf der Speiskarte steht?

An einem Abend »verkauft« er einen Tisch höchstens zweimal. Da käme er mit geviertelten Preisen an den Bettelstab!

Und gäbe er Ihnen den Mini-Happen zum vollen Preis, fänden Sie das ja wohl auch nicht sehr nett. Oder?

Aber im trauten Heim, werter Küchenmuffel, da können Sie die Dessert-Portionen so klein halten, daß man auch Kalorien-Kaliber abrundend als »süße, kleine Schmankerln« genießen kann.

Sogar so einen deftigen Brocken wie *Schokoladen-Mousse!*

Dieses zuzubereiten empfiehlt sich vor allem dann, wenn die Hauptspeise »kochintensiv« ist, denn das Mousse läßt sich am Tag vorher machen und wartet geduldig im Eiskasten bis zum Portionieren und Auftragen.

Für 4 bis 5 Mini-Portionen Schoko-Mousse brauchen Sie:

15 dag feinste Zartbitterschokolade
1/8 l Schlagobers
1 Eßlöffel Rum
1 Kaffeelöffel Instant-Kaffee
1 sehr gehäufter Eßlöffel Staubzucker
2 Eiklar
eine Packung Tiefkühl-Himbeeren
etwas Zucker
Zitronensaft und ein Stamperl Himbeergeist

Die Mousse-Macherei ist einfach:

In ein kleines Töpfchen bröckeln Sie die Schokolade, schütten das Obers drauf, stellen das Töpfchen auf den Herd, auf allermildeste Hitze, und rühren mit einer Gabel so lange darin um, bis sich die ganze Schokolade aufgelöst hat.

Haben Sie im Töpfchen eine schwarze, dicke Creme ohne Bröckerln, stellen Sie das Töpfchen zum Abkühlen beiseite.

Dann lösen Sie den Kaffee im Rum auf, schütten den Rum-Kaffee zur Schokocreme und verrühren ihn darin.

Nun schlagen Sie zwei Eiklar ganz steif auf, so steif, daß man von »schnittfest« reden kann. Und wenn es soweit ist, tun Sie den gehäuften Eßlöffel Zucker drauf und schlagen noch ein bißchen weiter.

Jetzt ist die Schoko-Kaffee-Rum-Creme hoffentlich schon ausgekühlt! Einen Löffel davon mischen Sie unter den festen Eischnee, bis er mit dem eine innige Verbindung (ohne Marmorierung) eingegangen ist.

Dieses tun Sie mit einem zweiten Löffel Creme und hierauf mit einem dritten!

Sind diese drei Löffel Creme im Eischnee, gießen Sie den Rest drauf und ziehen ihn vorsichtig unter.

Unter »vorsichtig« ist zu verstehen, daß Sie dazu nicht etwa den Handmixer nehmen! Der wäre zu brutal!

Und mit dem Kochlöffel oder der Schneerute gehen Sie »zart ziehend« ans Werk. Den Schneebesen nehmen Sie nur, wenn er ein sehr kleiner ist. Weil Sie ja nur eine kleine Menge Mousse gemacht haben! An einem großen Schneebesen würde zuviel davon hängenbleiben und dann im Abwaschwasser verloren gehen!

Nun füllen Sie das fertige Mousse in eine flache Schüssel und stellen es in den Eiskasten, wo es in ein paar Stunden fest wird.

Und die aufgetauten Himbeeren streichen Sie durch ein Sieb, um die Kerne zu eliminieren.

Dann verrühren Sie das so erhaltene Himbeermark mit ein bißchen Staubzucker, ein bißchen Zitronensaft und – wenn Sie es alkoholisch mögen – dem Stamperl Himbeergeist.

Knapp vor dem Servieren stechen Sie dann mit einem Löffel, den Sie immer wieder in heißes Wasser tauchen, Nockerln aus dem Mousse, legen pro Portion ein dickes Nockerl auf ein Tellerchen und klecksen von der Himbeersauce zwei, drei Löfferln dazu.

Nett sieht es auch aus, wenn Sie von den Himbeeren pro Portion zwei schöne Exemplare zurückhalten und die neben Nocke und Sauce drapieren.

Auch eine zarteste Überpuderung mit Staubzucker als weißer Kontrast zur rot-braunen Köstlichkeit hätte ihren Reiz!

Einfacher ist ein delikater, süßer Happen wohl kaum mehr zu erzeugen!

Schon ein bißchen mehr Mühe bereitet es, einen *Mini-Kaiserschmarrn* zu machen.

Planen Sie den also nur als Dessert, wenn der Hauptgang vorgekocht werden kann. Nach Szegediner Gulasch zum Beispiel.

Für 4 bis 5 Mini-Portionen brauchen Sie:

2 Eier
7 dag Mehl
1/8 l Milch, Salz
ein gehäuftes Löfferl Staubzucker
4 dag Butter
Rosinen, einen Löffel Rum und
Staubzucker zum Bestreuen
Zwetschkenröster oder Preiselbeerkompott oder
Himbeersauce als Begleiter

Als Arbeiten, die eine Zeitlang vor der endgültigen Schmarrnbraterei geschehen können, wären zu erledigen:

Die Rosinen in Rum einweichen!

Dotter, Milch und Mehl bröckerlfrei verrühren.

Geht es dann ans Werk, schlagen Sie die Eiklar zu festem Schnee und diesem in ein paar letzten Schlagsekunden den Zucker unter.

Dann ziehen Sie den Eischnee und die abgetropften Rosinen unter das gelbe Teigerl.

In einer Pfanne zerlassen Sie hierauf etwas mehr als die Hälfte der Butter. Auf mittlerer Hitze.

Brutzelt die geschmolzene Butter leise vor sich hin, schütten Sie »zügig« den Schmarrnteig in die Pfanne und lassen ihn – schön langsam – auf der Unterseite anbraten.

Um sicherzugehen, daß die Unterseite des Teigfladens nicht zu braun wird, lüpfen Sie den Rand des Fladens immer wieder ein bißchen mit einer Schmarrnschaufel und schauen nach, was sich da unten tut.

Hat die Unterseite hellbraune Flecken auf gelbem Grunde, fahren Sie mit der Schmarrnschaufel so tief wie nur möglich unter den Fladen, heben ihn etwas hoch und drehen ihn beherzt um!

Nur keine Panik! Das gelingt Ihnen schon! Und gelingt es nicht perfekt, ist es auch kein Unglück. Mehr, als daß der Fladen beim Wenden zerreißt, kann ja nicht passieren. Dann drehen Sie halt die Bruchstücke einzeln um.

Nun lassen Sie den Fladen – oder die Bruchstücke – auf der anderen Seite noch ein bisserl anbraten, dann nehmen Sie zwei Gabeln und zerreißen den Fladen – oder die Bruchstücke – auf mundgerechte Happen und tun die restliche Butter, in kleinen Stücken, zwischen diese Happen und lassen alles noch eine Winzigkeit durchbrutzeln, damit die Bröckerln kein teigiges »Innenleben« behalten.

Dann verteilen Sie das kaiserliche Ergebnis gerecht auf Dessertteller, überzuckern es und garnieren mit etwas Zwetschkenröster oder Preiselbeerkompott.

Aber auch die Himbeersauce, die wir zum Schoko-Mousse gemacht haben, wäre eine sehr geeignete Beigabe.

Und speziell köstlich würden *Karamel-Birnen* zum Kaiserschmarrn munden. Man könnte sie sogar als Solo-Dessert servieren.

Dafür wären nötig:

3 gehäufte Löffel Staubzucker
1/4 l weißer Wein und
2 große, weiche Birnen

Die Birnen werden geschält und geviertelt. Und das Kerngehäuse wird ihnen natürlich entfernt.

Der Zucker kommt in ein Reindl, das Reindl kommt auf mittlere Hitze.

Dann stehen Sie vor dem Reindl »Habtacht!« und warten, mit dem Kochlöffel in der Hand, bis der Zucker schmilzt. Wird er flüssig, rühren Sie in ihm herum, bis er sich mittelbraun gefärbt hat. Dann schütten Sie den Wein ins Reindl.

Nur nicht erschrecken! Es ist normal, daß aus dem Zucker jetzt eine braune, beinharte Kruste geworden ist. Wenn der Wein ans Kochen kommt, lösen sich die Zuckerglasscherben wieder auf; was Sie rührend unterstützen.

Hat sich der »Karamel« gelöst, kommen die Birnenviertel in den braunen Wein und ein Deckel aufs Reindl.

Wenn der Sud die Birnen nicht ganz bedeckt, macht das nichts. Die werden auch im Dampf weich.

Haben Sie reife Birnen genommen, müßte das nach ein paar Minuten der Fall sein.

Nun holen Sie die Birnen aus dem Sud, lassen den Sud noch ein bisserl einkochen, damit er dicklich wird, und dann gießen Sie ihn über die Birnenviertel und lassen die Herrlichkeit auskühlen.

Erscheint Ihnen die Schmarrnbraterei immer noch zuviel der Mühe und das Schoko-Mousse immer noch zuviel der Kalorien, dann machen Sie vielleicht lieber *Joghurt-Mousse*?

Da bleibt die begleitende Himbeersauce die gleiche, und die schneeweißen Nockerln machen Sie aus:

* 1/8 l Joghurt
* 1/8 l sauren Rahm
* 1 Limette (das ist die feine Schwester der Zitrone)
* 5 dag Staubzucker
* 1/8 l Schlagobers
* 2 Blatt Gelatine
* 2 Eiklar

und

* noch 2 dag Staubzucker.

Aus Joghurt, Rahm, dem Saft der Limette und den 5 dag Zucker rühren Sie ein Breichen.

Die Gelatine tun Sie in viel kaltes Wasser und lassen sie weich werden. Dann drücken Sie überschüssiges Wasser aus dem glitschigen Zeug, bevor Sie es schmelzen.

Damit es beim Schmelzen nicht zu heiß hergeht, was Gelatine nicht leiden kann, tun Sie den weichen Glitsch-Batzen in eine Teetasse oder ein anderes kleines, dünnwandiges Behältnis. Und das halten Sie dann eine Zeitlang mit dem Boden in heißes Wasser. Da schmilzt die Gelatine hurtig dahin.

Hat sie es getan, rühren Sie ihr einen Löffel vom Breichen unter. Dann schütten Sie, was Sie in der Teetasse haben, zum Breichen und rühren es dem unter. Natürlich könnten Sie gleich die flüssige

Gelatine pur zum Breichen geben, aber da verteilt sie sich schlechter.

Dann schlagen Sie das Obers zu Schlagobers und die Eiklar zu Eischnee. Diesem fügen Sie zum Schluß – schlagend – die 2 dag Zucker hinzu.

Und dann heben Sie den Eischnee und das Schlagobers unter das Joghurt-Breichen.

Und nun kommt wieder alles in eine flache Schüssel und diese in den Eiskasten, wo sie – stockend – wartet, bis es Zeit zum Nockenausstechen wird.

Lektion 19
SCHWEIN muß man HABEN

Was es auch immer an fleischlichen Zwei-Hauben-Lüsten geben mag, so ein richtiger, schöner Schweinsbraten kann es mit allen von ihnen aufnehmen! Und nur ein Gourmet-Snob kann nicht zugeben, daß so ein »Bratl« jeder Filetspitze, »an« was immer die lagern mag, weit überlegen ist.

Aber der schweinerne Bratenjammer ist halt der, daß man Schweinsbraten nicht für zwei Leut machen kann. Nur ein ordentlich großes Stück wird zu einem ordentlichen Braten. Und aufgewärmter Schweinsbraten ist grauslich. Kalt läßt er sich natürlich gut – mit Kren und Senf und Gurkerln – essen. Macht aber auch keinen Spaß, drei Tage hintereinander kaltes Schwein zu haben.

Da hilft nur: Leut einladen! Sechs nette Esser wären für einen ordentlichen Schweinsbraten gerade richtig. Und große Probleme, soviele Schweinsbratenliebhaber in Ihrer Bekanntschaft zu haben, dürfte es ja nicht geben.

Und damit Sie kochmäßig nicht zu überlastet sind, machen Sie als Beilage nur eine große Schüssel Erdäpfelsalat. Und damit der üppiger ausschaut und zudem vitaminreicher wird, mischen Sie ihm Gurkenscheiben und ein paar Paradeiserschnipsel unter. Für die besonders »deftigen Esser« könnten sie auch noch eine Schüssel Bohnensalat vorbereiten.

Brot, weiß oder schwarz, muß natürlich auch dazu!

Für den *Schweinsbraten* ist dann vonnöten:

2,5 kg magerer Schopfbraten
(von dem lassen Sie sich vom Fleischhauer
die Knochen entfernen und kleinhacken)
Und als würzendes Zubehör
brauchen Sie:
3 Zehen Knoblauch
(oder mehr, wenn Sie Knofelfan sind)
1 Eßlöffel Kümmel
1 Kaffeelöfferl scharfer Paprika
1 Bund Grünzeug
2 tennisballgroße Zwiebeln und
etwas Öl, Salz und Pfeffer, 1 Löfferl Maizena

Meine Methode, Schwein zu braten, ist eine 2-Tage-Methode.

Am ersten Tag schäle und presse ich den Knoblauch und hacke den Kümmel mit einem scharfen Messer. Damit er beim Hacken nicht wegspringt, mache ich ihn vorher naß.

Dann reibe ich das Fleischstück mit dem Knoblauch, dem Kümmel, dem scharfen Paprika und ein bisserl Öl ein. So, als wär ich ein Masseur und das Fleisch ein verspanntes Genick!

Dann wickle ich das Fleisch in ein Stück Frischhaltefolie und lege es in den Eiskasten.

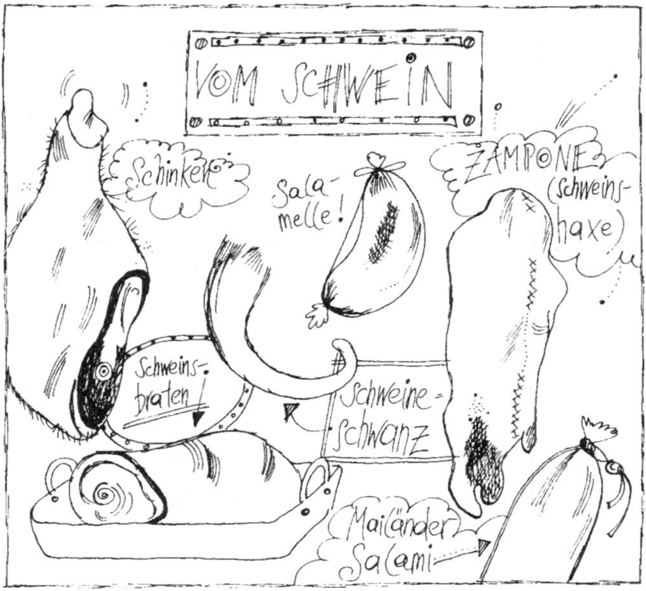

Am nächsten Tag, ungefähr drei Stunden bevor gegessen werden soll, heize ich das Backrohr auf 250 Grad vor und hole das Fleisch aus dem Eiskasten.

Ich salze und pfeffere es. (Zu erklären, daß ich es vorher aus der Folie wickle, wäre wohl eine Zumutung an Ihren Verstand?)

Dann nehme ich eine Bratpfanne, so groß, daß das Fleisch darin bequem Platz und rundherum noch »Spielraum« hat. Darin mache ich – oben auf dem Herd – ein paar Löffel Öl heiß, tue das Fleisch rein und brate es, zuerst auf einer, dann auf der anderen Seite an, bis es bräunlich angekrustet ist.

Nun hebe ich das Fleisch aus der Bratpfanne, lege die gehackten Knochen auf den Pfannenboden und darauf das Fleisch und schiebe die Pfanne ins heiße Rohr.

Dann lese ich eine halbe Stunde lang die Zeitung.

Ist die halbe Stunde um, reduziere ich die Rohrtemperatur auf 180 Grad.

Und jetzt muß das Fleisch weiter eine Stunde braten. Aber in Ruhe lasse ich es nun nicht mehr. So alle zehn Minuten ziehe ich die Pfanne ein bißchen aus dem Rohr, kippe sie ein wenig – schräg nach unten zu mir her – wodurch sich ausgebratenes Fett am vorderen Pfannenende sammelt. Von diesem Fett schöpfe ich Löffelchen um Löffelchen über das Fleischstück. (Je öfter und sorgsamer ein Braten begossen wird, umso saftiger wird er.) Dann schiebe ich die Pfanne wieder ins Rohr retour. Falls sich zuwenig Saft zum Begießen in der Pfanne bilden sollte, muß ich halt etwas Wasser zugießen.

Ist diese Bratstunde um, kommen das Suppengrün und die Zwiebeln – auf Würfeln geschnitten – rund um den Braten, auf die Knochen. Und Wasser kommt auch dazu. Wieviel hängt davon ab, wie groß die Pfanne ist. Das Wasser soll die Gemüse-Zwiebelwürfeln fast bedecken. Damit die nicht verdorren und verkohlen, sondern weich werden können.

Jetzt hat der Braten noch gut eine dreiviertel Stunde im Rohr zu bleiben, und wird wieder alle zehn, zwölf Minuten herausgezogen und begossen.

Wobei verdampftes Wasser immer wieder ergänzt werden muß.

Dann sollte der Braten knusprig braun sein, und an den Wänden der Pfanne sollte sich viel dunkelbrauner Belag angesetzt haben.

Jetzt schalte ich das Rohr ab und hole die Pfanne heraus.

Das Fleisch lege ich auf eine ofenfeste Platte (das Backblech tut es auch) und tu es in das Rohr zurück. Dort kann es sich »entspannen«. Wobei sich der Fleischsaft gleichmäßig verteilt.

Und während sich das Fleisch der Entspannung hingibt, schütte ich ein Seidl Wasser in die Pfanne, tu sie wieder aufs Feuer und schabe mit einem scharfen Messer alles »Angelegte« von den Pfannenwänden ins Köchelnde hinein.

Dann nehme ich die Knochen aus der Pfanne und schütte, was in der Pfanne geblieben ist, durch ein Sieberl in ein Topferl.

Mit einem Löffel drücke ich noch ein bisserl aufs Gemüse, das im Sieberl liegt.

Und dann schau ich mir an, was ich im Topferl habe. Ist da, über dunkelbraunem Saft, viel glasklares Fett, so schöpfe ich das mit dem Löffel ab. Zu fetten Saft mag ich nicht!

Hierauf verrühre ich ein Löfferl Maizena mit ganz wenig kaltem Wasser und schütte das Gmachtl in den

Saft und lasse ihn aufkochen, wobei ich koste, ob er vielleicht noch Salz oder Pfeffer nötig hat.

Und erscheint mir das Safterl geschmacksmäßig »zu dünn«, lasse ich es einkochen. Da wird es klarerweise würziger. Weniger natürlich auch!

Und dann kommt das entspannte Fleisch aus dem Rohr, wird geschnitten und auf eine Platte gelegt. Und das Safterl kommt in ein hübsches Kanderl, und der schweinischen Schlemmerei steht nichts mehr im Wege!

Übrigens: Der Serviettenknödel aus Lektion 17 wäre eine passende Beilage.

Die exakte Story der Gespenstergeschichte, die in meiner Kindheit in Kinderkreisen herumerzählt wurde, ist mir nicht mehr geläufig, ich weiß nur mehr, daß da in einer alten Burg ein altes Gespenst des Mitternachts herumirrte und unentwegt jammerte: »Wo is denn mei Lumpi, mei Leberl?«

Irgendwie waren ihm diese Innereien abhanden gekommen, und es hätte selbiger bedurft, um endlich in Frieden ruhen zu dürfen. (Des Dialekts nicht Mächtigen ist zu erklären: »Lumpi« steht für »Beuschl«, also für »Lunge«.)

Aber gut erinnern kann ich mich noch daran, daß mir dieses Gespenstergejammer jedesmal in den Sinn kam, wenn mir meine Oma eine Portion »Lungenstrudel« in die Rindsuppe legen wollte. Noch mehr greinend als das Burggespenst, wies ich dann entsetzt den Teller von mir!

Mit den Innereien ist es eben ein Kreuz! Die Leute, die sie gern täglich zweimal essen würden, dürfen es meistens nicht; von wegen Cholesterinspiegel. Und die Leute, die dürften, können Innereien meistens nicht ausstehen.

Da ich immer noch eher zu zweiterer Leut-Sorte zähle – Eßneigungen prägt ja die Kindheit –, bin ich relativ ungeeignet, den Innereien Koch-Lob-Lieder zu singen.

Ich habe zwar, solange mein lieber Mann noch durfte, mit Todesverachtung »Nierndln« von den »Strängen« befreit, gewässert und geröstet, habe sogar mehrmals »Salonbeuschl« gekocht, was wahrlich eine Schweinearbeit ist, welche nur eheliche Zuneigung ohne viel Murren zuwege bringt. Aber dabei habe ich mich jedesmal völlig unkreativ an Rezepte gehalten, denn nicht einmal zum abschmeckenden Kosten konnte ich mich überwinden.

Die einzige Innerei, die mir schmeckt, ist Kalbsleber. Aber sehr gern – das gestehe ich – greife ich so ein rohes, blutiges Leberschnitzel nicht an. Wär' mir schon lieber, jemand würde mir »Leber-Boskop« zubereiten und servieren. Aber so jemanden gibt es nimmer, seit es mein Mutterl nimmer gibt. Also muß ich mich halt selber überwinden, und wenn Sie auch dazu bereit sind, gehen Sie folgend vor:

Zuerst einmal kaufen Sie für 2 Portionen *Leber-Boskop* ein, und zwar:

30 dag Kalbsleber
1 Boskop-Apfel
1 Flasche Madeira und
1 Büscherl frischen Salbei

Und etwas Mehl, Butter, Öl, Salz und Pfeffer werden Sie ja daheim haben und nicht extra kaufen müssen!

Die Kalbsleber lassen Sie sich gleich beim Fleischhauer putzen und auf Scheiben, etwa 1,5 cm dick, schneiden.

Und nehmen sie nur Kalbsleber! Bei der geht nichts schief. Schweinsleber neigt dazu, lange Bratzeit übelzunehmen und sich gekränkt zu verhärten. Kalbsleber bleibt butterweich, egal was man ihr zumutet!

Wenn Sie keinen Boskop-Apfel bekommen, nehmen Sie halt einen anderen großen Apfel, der erstens säuerlich schmeckt und zweitens in kurzer Zeit weich wird!

Die Flasche Madeira-Wein ist zwar eine größere Ausgabe, aber es ist immer gut, wenn man Madeira zum Kochen daheim hat. Und trinken läßt er sich ja auch!

Mit dem Büscherl Salbei ist das dumm! Sie brauchen nämlich nur ein paar Blatterln davon. Aber ein einziges Zweigerl Salbei wird man Ihnen ja nicht verkaufen.

Trocknen Sie den Rest und kochen Sie sich einen Tee daraus, um vielleicht einen Finger darin zu baden, in den Sie sich beim Kochen geschnitten haben und der dann eitrig geworden ist!

Und jetzt brauchen Sie zwei Bratpfannen zum frohen Werke! Die eine für den Apfel, die andere für die Leber.

1. Sie schälen den Apfel, schneiden ihn auf 1 cm dicke Scheiben und operieren denen den Kerngehäuseteil in der Mitte heraus. Die kleinen Endstückerln vom Apfel essen Sie auf. Sie haben sicher ohnehin einen Mangel an Vitaminen!

2. Die Leberschnitzel wenden Sie in Mehl, das heißt: Sie tun Mehl auf einen Teller, legen ein Schnitzel drauf, heben es an einem Zipfel hoch, drehen es um und legen es mit der anderen Seite ins Mehl. Dann heben Sie es wieder hoch und beuteln es, damit nicht zuviel Mehl an der Leber kleben bleibt.

3. Sie zerlassen in der Apfelpfanne einen walnußgroßen Klacks Butter auf mittlerer Hitze. Brutzelt die Butter, legen Sie die Apfelscheiben hinein.

Dann schneiden Sie fünf oder sechs Salbeiblatterln auf feinste Streiferln.

Sind die Apfelringe auf der Unterseite schön hellbraun angebraten, drehen Sie sie um, streuen die Salbeistreiferln drüber und lassen die Äpfel sanft weiterbrutzeln.

4. In der Leberpfanne zerlassen Sie auf großer Hitze auch walnußgroß Butter und dazu einen Eßlöffel Öl. Dieses Gemisch verträgt mehr Hitze als Butter solo.

Brutzelt es auch in dieser Pfanne, kommen die Leberschnitzel hinein, werden vier Minuten gebraten, dann umgedreht und wieder vier Minuten gebraten.

Wenn Sie nicht sicher sind, ob die Schnitzel nach diesen acht Minuten »durch« sind, stechen Sie einfach mit einem spitzen Messer in ein Schnitzel rein.

Kommt da kein blutiger Saft mehr raus, ist alles OK!

Kommt noch einer, braten Sie eben weiter.

5. Sie legen die fertigen Schnitzel auf einen warmen Teller, salzen und pfeffern sie und decken sie mit Alufolie zu. Dann gießen Sie ein Stamperl Madeira in die Leberpfanne und lassen den Wein aufkochen, wobei Sie das »Angelegte« in der Pfanne aufkratzen und auch ein bisserl salzen und pfeffern.

6. Sie nehmen die Folie von der Leber und schütten das Safterl über die Schnitzel und belegen diese mit den gebratenen Apfelringen.

Als Beilage genügt ein resches Kaisersemmerl!

P.S.
Falls Ihre Apfelringe schon schön braun und weich sein sollten, bevor die Leber »durch« ist, macht das nichts. Dann nehmen Sie die Apfelpfanne einfach vom Herd und bedecken sie mit Alufolie.

Aber Achtung! Mehr als 2 Portionen Leber-Boskop können Sie nur braten, wenn Sie zwei sehr große Pfannen besitzen! Sowohl die Leberschnitzel als auch die Apfelringe müssen in den Pfannen schön nebeneinander Platz haben. Die dürfen sich nicht drängeln oder gar überlappen! Und eine »erste Fuhre« so lange unter Alufolie warm zu halten, bis die »zweite Fuhre« gebraten ist, geht auch schlecht. Das würde die Qualität der ersten Fuhre erheblich mindern!

Wenn Sie für 4 Esser Leber machen wollen, dann machen Sie besser die ganz normale *g'röste' Leber.*

Dazu brauchen Sie:

50 dag Kalbsleberschnitzel
2 tennisballgroße Zwiebeln
3 dag Butter und 2 Eßlöffel Öl
Salz, Pfeffer, Majoran und
eventuell einen Spritzer milden Essig

Die Schnitzel schneiden Sie auf 1 cm breite Streifen.

Die Zwiebeln auf feine Fäden (also: schälen, längs halbieren, und »quer« schneiden).

Butter und Öl tun Sie in eine Pfanne, stellen die Pfanne auf große Hitze, tun die Zwiebelfäden rein, wenn das Fett brutzelt, und dann braten Sie – unter emsigem Rühren – den Zwiebel hellbraun.

Ist er es, tun Sie die Leberstreiferln auf den Zwiebel und rösten – immer brav rührend – weiter, bis die Leber schön »durch« ist. Um zu merken, ob sie es wirklich ist, schneiden Sie ein Streiferl durch. Leicht »rosa« darf das Streiferl »im Kern« bleiben!

Dann salzen und pfeffern Sie den Pfanneninhalt, streuen etwas Majoran drüber, gießen ein Achterl Wasser drauf, lassen noch ein knappes Minuterl »durchschmurgeln«, damit alles wieder schön heiß wird, und servieren dann.

Manche Leute mögen einen Spritzer Essig in der Leber. Wenn Sie zu denen gehören, tun Sie ihn ganz zum Schluß, vor dem Servieren, dazu.

(Ein Spritzer bedeutet in der Kochsprache: ein paar Tropfen!)

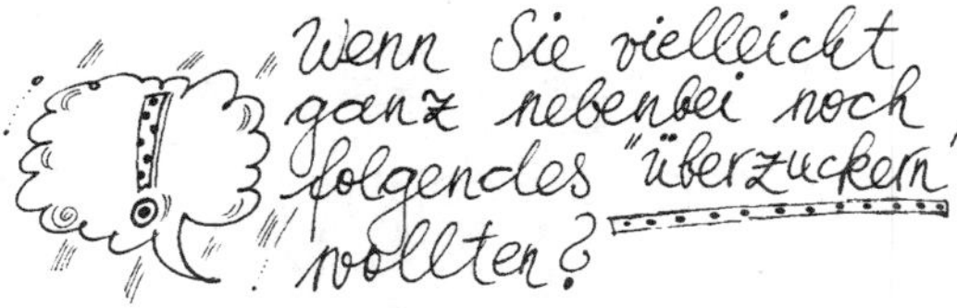

Es ist ein gewaltiger Unterschied, ob man auf einem E-Herd oder einem Gasherd kocht. Nachteile haben sie beide, und der E-Herd ist – meiner Ansicht nach – schwieriger in den Griff zu kriegen, was die Regelung der Hitze der Kochplatten betrifft.

Stellt man eine Gasflamme klein, ist die große Hitze sofort weg. Dreht man sie auf »groß«, ist die große Hitze gleich da. Elektroplatten sind da zögerlicher.

Hat man die auf größte Hitze eingestellt und will flugs kleine Hitze haben, hilft oft nur: die Pfanne oder den Topf von der Platte heben und warten, bis die sich etwas abgekühlt hat. Und manchmal ist es ein wahres Geduldsspiel, hin und her schaltend, die richtige Einstellung zu schaffen, damit das Supperl weder überkocht noch unter dem Siedepunkt dahindümpelt.

Dafür ist aber wieder das E-Backrohr den meisten Gasbackrohren weit überlegen, wenn es um Genauigkeit der Temperatureinstellung geht.

Am vernünftigsten, bei uns aber gar nicht üblich, sind Küchenherde, wie sie viele vielkochende Italiener haben, mit einem Elektro-Backrohr und oben sowohl Elektro-Platten als auch Gasflammen. Meistens sogar eine entzückend winzig kleine für die Espressomaschine und eine riesige zum allerhurtigsten Ankochen sehr großer Töpfe. Und man kann dann exakt auswählen, welche gerade am besten geeignet ist.

Lektion 21.

Vom falschen, spinatgrünen Komma!

Mamas und Omas haben uns als Kinder mit Spinat geschoppt, in der ehrlichen Meinung, daß der so viel gesundes Eisen in sich habe. Hat er aber gar nicht!

In jeder kleinen Karotte ist mehr davon als in einem Teller Spinat. Da hatte bloß einmal ein zerstreuter Wissenschaftler falsch gerechnet und das Komma zwei Stellen zu weit nach rechts gesetzt!

Und wegen diesem falschen Komma wurden arme Kinder generationenlang mit Spinat gequält. Spinat schmeckt Winzlingen nämlich nur selten. Er ist ihnen einfach zu bitter! Spinat ist etwas für Erwachsene, die mit ihrem Kindheitstrauma und ihrer Mütter autoritärer Art Frieden geschlossen haben! Und dieser Friedensschluß fällt besonders leicht, seit es passierten Tiefkühlspinat gibt.

»Frischen Spinat« zu kochen wäre nämlich wirklich nichts für einen Küchenmuffel. Einen riesigen Berg Spinatblätter putzen, jedem Blatt den Stengel abzuzwacken, dann den kleiner gewordenen Berg mindestens dreimal durchzuwaschen, ihn in einem großen Topf auf eine Kleinigkeit zusammenfallen zu lassen und dann diese Kleinigkeit durch ein Passiersieb zu treiben, um eine Winzigkeit Spinat zu erhalten, das fällt unter die »Liebhabereien«, die nur Hobby-Köchen anstehen. Der Muffel halte sich an den eiskalten, grasgrünen Würfel!

Er kann ihn auftauen, salzen, pfeffern, mit Muskat oder Knoblauch versehen und ein bisserl mit Obers »einkochen«, und schon hat er ein liebliches Breichen, das zum köstlichen Schmaus wird, wenn er sich noch ein Spiegelei dazu brät.

Er kann ihn natürlich auch mit Einbrenn verrühren, falls er es gern »dick« und »urwienerisch« hat und fähig ist, eine Einbrenn zu machen.

Die ginge so: Butter in einem Reindl schmelzen, einen Eßlöffel Mehl rein tun, umrühren, bis das Mehl einen hellen Beige-Ton angenommen hat, dann das Reindl vom Herd ziehen, ungefähr 1/8 l Wasser draufgießen und es mit der mehligen Butter verrühren, dann das Reindl wieder auf den Herd tun und – emsig rührend – die Sache aufkochen lassen. Trick dabei: Je mehr Fett man nimmt, umso weniger entsteht die berühmte Brockerl-Gefahr! Und je länger man die Sache auf kleinster Flamme und unter ständigem Rühren köcheln läßt, umso weniger schmeckt dann die Einbrenn nach Mehl-Pamp!

Aber aus so einem kleinen, eiskalten Spinatwürfel läßt sich noch etwas weit Lieblicheres machen als der aus Kinderzeiten bekannte grüne Brei, nämlich: *Spinat-Nockerln.*

In gewissen westlichen Landstrichen auch als Spinat-Spätzle bekannt.

Meine ganz privatime Version von diesen Spinat-Nockerln nenne ich *Bozener Grüne*, weil ich mit ihnen vor vielen, vielen Jahren in Bozen die erste Bekanntschaft machte, sie dann – von wegen Liebe auf den ersten Bissen – eine ganze Woche tagtäglich bei diversen Bozener Obern bestellte, und heimgekehrt, sofort emsig »nachkomponierte« und – meiner selbstherrlichen Meinung nach – noch gewaltig verbesserte!

Für 2 Portionen Bozener Grüne brauchen Sie:

1 kleinen Würfel Tiefkühlspinat
2 Eier
1 Stamperl Milch
ca. 25 dag doppelt griffiges Mehl
1 Klacks Butter
2 Scheiben Preßschinken, je 2 mm dick
2 Stamperln Schlagobers
6 dag Parmesan und
Salz und Pfeffer

Und so wird's gemacht:

1. Ein paar Stunden bevor Sie essen wollen, holen Sie den Würfel aus der Packung, legen ihn auf ein Sieb und stellen dem eine Schüssel unter. Das können Sie ruhig auch schon am Morgen tun, wenn Sie am Abend kochen wollen und zwischendurch noch schnell für acht Stunden Ihren Arbeitsplatz aufsuchen müssen!

2. Sind die paar Stunden um, haben Sie in der Schüssel allerhand grünlichen Saft und im Sieb aufgetautes, abgetropftes Spinatpüree.

Den grünlichen Saft schütten Sie weg, das Püree tun Sie in die Schüssel.

3. Zum Spinatpüree geben Sie ein Mokkalöfferl voll Salz, die 2 Eier und das Stamperl Milch.

Sie haben verschieden große Stamperln? Also: Unter Alkoholikern hat man sich auf eine Stamperlnorm von 1/50 l geeinigt!

Mit einer Gabel verrühren Sie nun emsig, was in der Schüssel ist.

4. Sie setzen dem Handmixer die Knethaken ein. Und auf den grünen Brei schütten Sie so an die 4/5 vom Mehl. Dann tauchen Sie die Knethaken tief in die Schüssel, quirlen los und rühren einen grünen, bröckerlfreien Teig zusammen.

Und jetzt wird es schwierig zu erklären, ob noch Mehl in den Teig rein soll, und wenn es rein soll, wieviel das sein soll. In Deka läßt sich die Mehlmenge nicht exakt angeben, weil es drauf ankommt, wie naß der Spinat war und wie groß die Eier waren.

Entschuldigen Sie den blöden Vergleich, aber richtig dick ist der Teig, wenn Sie die emsigen Quirle quer durch die Schüssel ziehen und sich dabei zwischen den zwei Knethaken so eine Art von »Popsch-Falte« bildet, die nicht sofort wieder verschwindet.

Aber auf ein bisserl zuviel oder zuwenig Mehl kommt es eh nicht an!

Ist der Teig etwas fester, werden die Nockerln runder und kleiner. »Knöpfli« sozusagen. Ist er etwas weicher, werden die Nockerln dünner und länger. »Fädli« sozusagen.

Sie brauchen sich nachher immer nur einzureden, daß sie das Nockerl-Ergebnis exakt so geplant haben!

Aber so dünn, daß er wie Palatschinkenteig von den Knethaken rinnt, darf der Nockerlteig nicht sein. Und auch nicht so dick, daß er an den Knethaken festklumpt!

5. Sie bringen in einem möglichst großen Topf mindestens 2 Liter Wasser mit einem Kaffeelöfferl Salz zum sprudelnden Kochen.

Kocht das Wasser, tritt der »Spätzli-Hobel« in Aktion. Haben Sie keinen, tut es auch ein Gerät, das in fast allen Haushalten vorhanden ist und in meiner Familie unter dem Namen »Flotte Lotte« läuft. Das ist so ein Passiersieb mit einer Kurbel, dem man verschiedene Lochscheiben einsetzen kann. Sie setzen dem Ding die Scheibe mit den großen Löchern ein.

6. Sie füllen den grünen Teig in den Hobel, bzw. die Lotte, und hobeln bzw. kurbeln ihn ins Sprudelwasser runter. Wenn die Nockerln an die Oberfläche kommen, sind sie gar.

Aber nur keine Panik, falls schon reichlich Nockerln schwimmen und Sie mit dem Hobeln bzw. Kurbeln noch nicht fertig sind!

So schnell zerfallen Nockerln, die bindende Eier in sich haben, schon nicht! Sie schäumen höchstens wild auf, aber das können Sie durch Reduzierung der Hitze unter dem Topf rasch abstellen.

7. Wenn aller Teig verbraucht ist, holen Sie die oben schwimmenden Nockerln mit einem Loch-Schöpfer aus dem Wasser. Während Sie das tun, kommen garantiert die allerletzten Nockerln vom Grunde hoch.

Alle ausgeschöpften Nockerln geben Sie in ein Sieb und brausen kaltes Wasser darüber, damit sie sich nicht zu einer einzigen großen Nockerl-Nocke zusammenpappen!

8. Sie schneiden den Schinken auf kleine Würferln oder auf dünne Streiferln und reiben den Parmesan auf der »feinen« Seite des Reibeisens.

Dann lassen Sie die Butter in einer Pfanne schmelzen, tun die Nockerln dazu, den Schinken und die Hälfte vom Parmesan.

Und dann schütten Sie noch die 2 Stamperln Obers drüber und lassen die Pfanne so lange auf kleiner Hitze stehen, bis die Nockerln wieder heiß sind.

Mit einer Schmarrnschaufel oder einer Gabel stochern Sie dabei »zartfühlig« in der Pfanne herum. Das Zartgefühl hat den Sinn, daß die Nockerln nicht zerfallen, aber sich trotzdem nicht am Boden der Pfanne »anlegen«. Und wenn die Nockerln ordentlich heiß sind, müssen sie sofort serviert werden!

Trauen Sie sich nicht soviel Zartgefühl zu, so heizen Sie halt das Backrohr an und tun die Pfanne mit den Bozener Grüne zum Aufwärmen hinein.

Wie? Drei Deka Parmesan haben Sie jetzt noch?

Das gehört sich auch so! Der wird bei Tisch gerecht über die dampfenden Nockerln auf den Tellern verteilt.

P.S.

Statt Parmesan könnten Sie natürlich auch Emmentaler nehmen. Aber erstens schmeckt der nicht so vornehm, und zweitens zieht er Fäden, wenn er heiß wird. Parmesan hingegen neigt nicht zur Fadenzieherei, die von vielen Leuten beim Verspeisen als lästig empfunden wird.

Kleines Nachwort

Um den allerliebsten Küchenmuffel nicht gar zu sehr und über Gebühr zu belasten, endet hier nun der kleine Koch-Lehrgang!

Und wenn es ein halbwegs brauchbarer gewesen ist, dann müßten ja nun eigentlich die werten Muffel – wenigstens gelegentlich – keine mehr sein wollen und auch soviel küchenmäßiges Selbstwertgefühl bekommen haben, daß sie erhobenen Kochlöffels und Schöpfers, angstfrei zu mischen und zu mantschen, zu brutzeln und zu braten, zu schnipseln und zu sieden, zu kosten und zu kochen wagen und nicht mehr – vor lauter Hochachtung den »Könnern« gegenüber – keinen einzigen Finger in der Küche rühren!

Ferner verbürge ich mich – mit allen Schwurfingern auf dem Schneidbrett! – dafür, daß ich sämtliche Rezepte jeder einzelnen Lektion nicht bloß »aus dem Gedächtnis« locker hingeschrieben, sondern sie vor – oder auch nach – dem Hinschreiben, zur Kontrolle gekocht und Leuten mit feiner Zunge und der Fähigkeit, Kritik unverzüglich zu äußern, vorgesetzt habe! Und erst wenn diese Leute ihr schmatzendes OK gegeben hatten, ist das Rezept ins Buch aufgenommen worden.

Sollten Ihre nachgekochten Ergebnisse trotzdem

meine Versprechungen nicht ganz erfüllen, bleiben Sie bitte gelassen!

Kocherfolg ist, wie vieles andere im Leben auch, zu einem großen Teil eine Sache von »Versuch und Irrtum«! Und je öfter ein »Versuch« erfolgt, umso seltener passiert ein »Irrtum«.

Und wenn Sie zu den Menschen gehören, die es nicht aushalten können, »Irrtümern« zu unterliegen, dann schieben Sie halt die ganze, ungeteilte Schuld auf mich! Ich werde mich demütig bemühen, selbige gefaßt zu tragen.

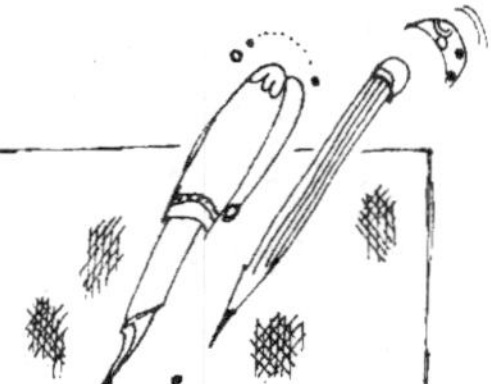

Für den, des Wienerischen weniger kundigen:

batzweich ... breiig

Beisl ... Kneipe -erl ... -chen

Bramburi = Kartoffel aus Böhmen

dag = Deka = 100 Gramm
(100 dag = 1 Kg!)

Budel ... Ladentisch

Burenwurst ... grobe, würzige Wurst

Donaukanal ... schmutziges Wiener Gewässer

Dürre ... billige, geräucherte Wurst

Eckerl ... Eckchen

Eierspeis ... Rührei Eiklar ... Eiweiß

Einbrenn ... Mehlschwitze

Eiskasten ... Kühlschrank

Erdäpfel = Kartoffeln

Faschiertes = Hackfleisch Flaxen = Sehnen

Fuzerl ... Winzigkeit

gatschen = zu Brei machen

gegupft ... sehr gehäuft

Germ = Hefe Gmachtl = flüssiges Gemisch

Grammel ... Griebe

grapschen ... gierig greifen

Grünzeug = Bund Suppengrün

Happerl = kleiner Kopf (aber nur bei Salat, Kraut & Zwiebel)

Haße mit Senf .... heiße Burenwurst (s.o.)

Häuptel = größerer Kopf (auch nur bei Salat, Kraut, Zwiebel und nicht bei Menschen ...)

Karotte = Möhre

Knackwurst = feine Fleischwurst

Knofel ... Knoblauch Kraut = Weißkohl

Kremser Senf = süßer Senf

Kren ... Meerrettich

Laberl ... Laibchen
Maroni ... Edelkastanie
mollig = dicklich Obers = Sahne
Paradeiser ... Tomate 
patschert = ungeschickt
picken ... kleben

raunzen = klagen
Reindl = Topf, breiter als hoch 
Schames ... beamteter Bürodiener
Schlagobers = süße Sahne 
Schneuzquadrat = Taschentuch
Schwammerl = Pilz 
Semmel ...... Brötchen
Stanitzel ... Spitztüte 
Sternspucker ... Wunderkerze
Tatschkerl .... kleines Täschchen aus Teig (ansonsten: sanfte Ohrfeige)
Topfen = Quark
Tschapperl ... Person, die allein schwer zurechtkommt

Überzuckern .... im übertragenen Sinn: den Durchblick haben

Veltliner = trockener Weißwein

verhunzen = versauen

wabbern .... wackeln

wuzeln .... rollen, üblicherweise mit den Fingern

Zecherl .... kleine Zehe, auch minder hübsche Frau

zermatschkern .... zu breiiger Konsistenz zerdrücken

Zezn ... heikle Person

Zwetschgenröster ... sehr dickes Pflaumen-Kompott

Für alle oben nicht angeführten, weiteren unverständlichen Wörter bittet die Verfasserin um Pardon. Als Urwienerin hat sie schließlich keine Ahnung, wie ignorant Nicht-Wiener ihrer Muttersprache gegenüber noch sein können!

Register